기획자의
관찰법

기획자의 관찰법

기획자는 무엇을 보고 어떻게 발상하는가?

초판 발행 2022년 3월 14일
지은이 박경수 **펴낸이** 이성용 **책임편집** 박의성 **책디자인** 책돼지
펴낸곳 빈티지하우스 **주소** 서울시 마포구 성산로 154 4층 407호(성산동, 충영빌딩)
전화 02-355-2696 **팩스** 02-6442-2696 **이메일** vintagehouse_book@naver.com
등록 제 2017-000161호 (2017년 6월 15일) **ISBN** 979-11-89249-66-3 03320

기획자의
관찰법

**기획자는
무엇을 보고
어떻게 발상하는가?**

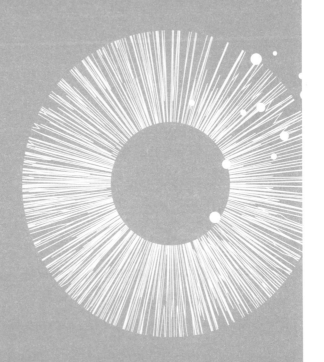

**신제품부터
콘텐츠 기획까지
탁월한 결과로 이어지는
관찰의 힘**

박경수 지음

빈티지하우스
VINTAGE HOUSE

서문

우리는 모두 창작자가 되어야 한다

▬▬ 최근 몇 년 사이 꿈의 직업이 된 것이 있습니다. 유튜브 크리에이터입니다.

어린아이부터 직장인까지, 아니 백발이 성성한 할머니 할아버지도 모두

크리에이터를 꿈꾸며 유튜브의 바다로 뛰어듭니다.

그런데 사실 우리는 모두 크리에이터, 즉 창작자입니다. 신제품이든 보고서든

기획서든 매일 새로운 콘텐츠를 고민하고 만들어가고 있기 때문입니다. 누구도

상상하지 못했던 제품, 서비스, 콘텐츠가 아니라 일상의 모습을 백지 위에 그리기만

해도 창작자입니다. 그런 의미에서 보자면 일론 머스크도, 스티브 잡스도, 제

아이도, 그리고 기획자도 일종의 창작자라고 볼 수 있겠습니다.

■■■■ 하지만 우리는 이런 질문으로 창작자로서 우리의 가능성을 의심합니다.

'나는 창의적이지 않은데 새로운 콘텐츠를 만들어낼 수 있을까?'

지금처럼 새로운 것들이 쏟아져 나올 때, 창작자는 그 가치를 인정받는다는 사실을 우리는 이미 알고 있습니다. 그렇다면 탁월한 창작자가 되기 위해 우리는 무엇을 할 수 있을까요? 완전히 새로운 것을 발견하는 것? 무에서 유를 창조하는 것? 우리는 지금 당장 가능한 것들에 대해 이야기하고 있다는 것을 기억해주세요.

창작자가 되는 첫 번째 방법은 '관찰'입니다. 그리고 이 관찰은 공감과 분석, 그리고 궁극적으로 관점의 전환으로 이어집니다.

■■■■ 이 과정을 스타스테크라는 스타트업 사업기획 사례를 통해 살펴볼까요?
스타스테크는 불가사리를 이용해 친환경 제설제를 개발하고 있습니다.
염화칼슘이나 염화나트륨 성분으로 이루어진 기존 제설제는 눈을 녹이면서 배출되는 염화이온 때문에 자동차 부식이나 아스팔트 파손과 같은 문제가 발생했는데, 스타스테크는 불가사리 추출물(다공성 구조체)을 이용해 이러한 부식을 억제하는 제설제를 개발했습니다.

관찰이 창작자가 되는 첫 번째 단계인 이유는 통념에서 벗어나게 해주기 때문입니다. 이는 사업기획에서도 마찬가지입니다. 대표적인 바다 쓰레기로 연간 4,000억 원 규모의 피해를 발생시키고 있는 불가사리는 소각 처리하는 데에만 연간 30~40억 원이 소요됩니다. 제설제 소비자들은 부식 방지를 넘어 그들이 생각하지 못했던 '환경오염 방지'와 '비용 절감'을 제안한 스타스테크의 사업기획에 공감대를 형성했고, 100억 원의 매출로 응답했습니다.

스타스테크가 불가사리를 관찰하지 않았다면, 불가사리를 분석하고 제설 프로세스를 분석하지 않았다면, 그래서 불가사리에 대한 관점을 전환하지 못하고 다만 쓰레기 취급에 그쳤다면 환경은 환경대로, 세금은 세금대로 망가져갔을 것입니다.

▆▆▆ 허만하 시인은 비가 내리는 모습을 '비는 수직으로 서서 죽는다'고 묘사했습니다. 흩날리는 빗방울, 휘몰아치는 바람, 길가에 고인 웅덩이를 허만하 시인과 제가 똑같이 관찰했는데, 허만하 시인은 완전히 새로운 것을 발상해낸 것입니다. 이러한 새로움은 단순히 그가 시인이라서 가능했을까요? 아닙니다. 일상적 순간들을 끊임없이 관찰하고, 분석하고, 공감하고, 관점을 전환한 결과물이지요.

새로움은 여전히 평범한 사물에, 일상적인 순간에 존재합니다.

우리가 어떻게 관찰하느냐에 따라 무한대의 딴생각들이 피어나고, 그 딴생각들로

크리에이티브 콘텐츠와 쓸 만한 기획이 완성됩니다.

제가 관찰했던 26개의 일상적 오브제들이 여러분의 새로운 딴생각에 도움이

되었으면 좋겠습니다.

새로움은

여전히 평범한 사물에,

일상적인 순간에

존재합니다.

목차

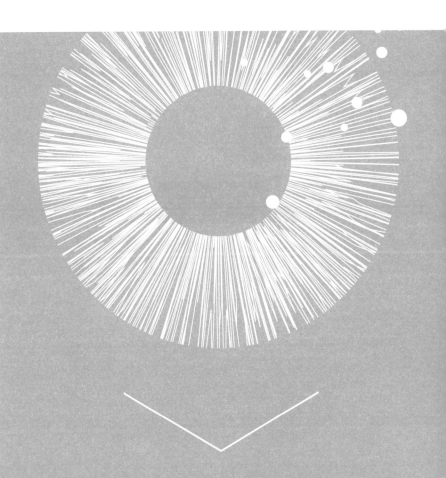

PART1 관찰

공간

관찰의 의미를

찾다

▬▬ 저는

주변에 새로운 것이

생기면 가능한 한 경험해보려는 습성(?)이 있습니다. 그게 어떤 제품, 서비스든

말이지요. 얼마 전에도 2021년 개장한 더현대 서울에 방문하기 위해 여의도에

다녀왔습니다. 왜 그렇게 사람들이 열광하는지 궁금했거든요. 가서 층별 구성은

어떻게 되어 있고, 층별로 어떤 브랜드가 들어와 있으며, 매장 구성은 어떻게 했는지 유심히 살펴봤습니다. 유통 분야에서 일하고 있지는 않지만, 이런 관찰이 새로운 시각을 만들어주고 트렌드를 파악할 수 있게 해주기 때문입니다.

더현대 서울의 가장 큰 특징은 '자연친화적'인 구성입니다. 공간 한 평도 허투루 쓰지 않고 브랜드 매장으로 꽉꽉 채워왔던 기존 백화점과 다르게, 응당 매장이 있어야 할 공간을 수목원처럼 꾸며놓았습니다. 무려 여의도 금싸라기 땅에 말이죠!

▲ 더현대 서울이 말하는 '미래를 향한 울림'(출처: 더현대 서울 홈페이지)

사실 서울에서 조금만 벗어나도 자연친화형 카페를 쉽게 접할 수 있습니다. 그런데 그런 공간을 서울 한가운데에서 경험할 수 있다니, 꼭 무언가를 사지 않아도 자연스럽게 자주 가게 됩니다. 실제로 더현대 서울은 전체 영업 면적 중 매장 면적 비중이 51%에 불과합니다. 백화점을 방문하는 고객들을 얼마나 배려했는지 느껴지나요?

'더현대 서울'이라는 이름에도 그들이 추구하는 바가 명확히 드러나 있습니다. '백화점'이라는 단어를 지움으로써 이곳이 새로운 '라이프스타일' 공간임을 선언한 것이지요. 또한 '서울'이라는 도시명을 연결시켜 부산, 광주 등 새로운 도시에서도 동일한 정체성을 유지할 수 있는 확장성을 부여했습니다.

▰▰▰ 요즘에는 새로운 것들이 많이 생겨나고, 트렌드도 빠르게 바뀝니다. 며칠 전에는 지인의 추천으로 누데이크라는 디저트 카페를 알게 되어 방문했는데, 주문하는 데도 오랜 시간이 걸릴 만큼 사람들로 북적였습니다. 이 카페는 젠틀몬스터라는 선글라스 브랜드를 보유하고 있는 아이아이컴바인드라는 곳에서 운영하고 있습니다. 선글라스와 카페라… 여러분은 어떤 생각이 드나요? 저는 '선글라스 브랜드에서 왜 카페를 운영할까?'라는

궁금함보다 '젠틀몬스터에서 카페를 운영하면 이렇게 할 수 있구나' 하는 감탄이 먼저 들었습니다. 아마 젠틀몬스터라는 브랜드의 가치를 제가 높게 평가하고 있기 때문인 것 같습니다.

▲ 누데이크 매장에 전시된 케이크 목업

■■■■ 누데이크 매장에는 다음 사진에서처럼 케이크 목업mockup이 전시되어 있습니다. 이 목업을 보고 원하는 케이크를 종이로 된 주문서에 체크하면 됩니다.
저도 그랬지만, 누데이크를 방문한 사람들은 케이크 목업을 찍는 데 여념이 없습니다. 지금까지 봐왔던 베이커리카페와는 다른 방식으로 메뉴를 진열해놓은 덕일까요? 제법 가격이 비싼데도 이것저것 다양하게 주문해서 먹고 싶어지더군요.

도산공원에 위치한 하우스 도산(HAUS DOSAN)에서는 아이아이컴바인드가 운영하는 젠틀몬스터와 누데이크, 탬버린즈 세 개의 브랜드를 모두 경험해볼 수 있습니다. 특히 입구의 문장이 눈에 띄는데요. 그 문장은 다음과 같습니다.

"HAUS DOSAN을 들어서마자 마주치는 1층 공간은 기존 리테일 공간의 1층이 가지는 고정적 개념과 잔상을 바꾸기 위해 기능과 효율을 포기하고 새로운 감정을 전달하는 데 초점을 맞추었다."

최근 누데이크에서는 '누데이크 양빵 발렌타인데이 에디션'을 공개했는데, 마치 새로운 브랜드를 론칭하는 것처럼 이벤트를 진행했습니다. 이런 이벤트만 봐도 누데이크가 말하고 싶은 바를 알 수 있습니다. 누데이크는 디저트카페가 아니라 패션과 디저트가 결합된 '브랜드'라는 것이지요. 더 나아가 오프라인에서만 줄 수 있는 '경험'을 극대화하기 위해 누데이크가 제시한 디지털 시대의 해법이기도 하고요.

▲ 새로운 감정을 전달한다.
(출처: 젠틀몬스터 홈페이지)

다양한 브랜드들이 하우스 도산이나 더현대 서울처럼

자신들이 추구하는 가치를 공간을 통해 보여주고자

합니다. 우리는 그 공간을 방문하고 관찰하는 것만으로도

'창의'와 '새로움'을 직접 경험할 수 있습니다.

■■■ 코로나 시대는 많은 것을 바꿨습니다. 재택근무가

늘어났고, 비대면 수업이 일상이 되었지요. 활동반경이

집 안으로 제한되어버린 것입니다. 이렇게 바뀐 생활

패턴을 관찰한다면, 우리는 어떤 발상을 얻을 수

있을까요?

닌텐도 스위치는 좁아진 활동반경의 수혜(?)를 톡톡히

받은 대표적 제품입니다. 닌텐도 스위치는 2021년 말

기준으로 1억 354만 대가 판매되었습니다. 2017년

발매된 제품이 5년 만에 1억 대 이상 팔리다니, 엄청난

성과라고 할 수 있겠네요.

닌텐도 스위치 대박의 타임라인을 관찰해보니 몇

군데의 변곡점을 발견할 수 있었습니다. ① 집에

있는 시간이 길어지면서 ② TV 시청 시간이 늘어난

사람들은 ③ 대화면의 TV를 선호하게 되었고 ④

넷플릭스, 디즈니플러스 같은 OTT 서비스 가입자들도

폭증했습니다. 하지만 ⑤ 콘텐츠 소비 속도가 공급

속도를 압도하면서 사람들은 새로운 콘텐츠에 목말라

했고 ⑥ 그 욕구가 자연스럽게 게임에까지 미치게 된

것이지요. 대화면으로 드라마, 영화만 보기도 아깝고요.

■■■■ '관찰'은 그저 사물을 유심히 보는 것이 아닙니다. 기획자는 사물뿐만 아니라

현상을 관찰하고 단어를 관찰해야 합니다. 매일 똑같은 일상, 매일 똑같이 사용하는

물건에서도 우리는 새로움을 발견할 수 있습니다. '관찰'이 습관이 된다면 말이지요.

관점 전환을 위한 생각 습관

1 일상을 그저 넌지시 바라보세요.

2 새로움을 찾아 떠나는 습관을 가져보세요.

3 일상에 '왜'라는 한 글자만 붙여보세요.

02

볼펜

의미를

부여한다

▬▬ 저는 개인적으로

BiC 볼펜을 좋아합니다.

단순하면서도 가볍고,

무엇보다 가격이 저렴합니다. 생각 정리가 필요할 때마다 저는 이 볼펜을 찾습니다.

1950년에 탄생한 이 프랑스산 볼펜은 부드러운 필기감과 저렴한 가격 덕분에

하루에 3,200만 개나 판매될 만큼 많은 사람들이 애용하고 있습니다. 저도 빨강,

파랑, 검정 등 색깔별로 이 볼펜을 가지고 다니면서 메모를 하거나 보고서의 초안을

만듭니다.

그런데 이 볼펜에는 한 가지 특징이 있습니다. 아마 관찰력이 뛰어난 분이라면 이미 알고 있을지도 모릅니다. 바로 뚜껑에 있는 구멍입니다.

대부분의 볼펜 뚜껑에는 구멍이 없습니다. 하지만 BiC 볼펜에는 있죠.
왜 그럴까요? 바로 아이들 때문입니다. 아이들은 손에 잡히는 건 뭐든지 입으로 가져갑니다. (며칠 전에도 조그만 헝겊을 삼키다가 목이 막힐뻔하기도 했습니다.)
아이를 키우다 보면 콘센트 구멍이나 선풍기의 작은 틈 같은 것에 민감해집니다.
아이가 손을 넣으면 위험해지기 때문이죠. 그런데, 좋은 구멍도 있습니다.

아이가 실수로 볼펜 뚜껑을 삼키더라도 기도가 막혀 위험에 빠지는 경우를 막기 위해 BiC는 볼펜 뚜껑에 구멍을 뚫었습니다. 이런 작은 변화는 BiC 볼펜이 추구하는 '의미 있는 제품을 만든다'는 가치와도 부합합니다.
이런 작은 구멍은 레고 같은 아이들의 장난감에도 있습니다.
작은 구멍 하나가 아이들이 병원으로 가는 상황을 막아주죠.

▬▬ 사람들은 의미 있는 혁신을 만들기 위해 머리를 쥐어짜내고, 관점을 전환하기 위해 새로운 것을 찾아 헤매죠.
그런데 혁신적인 아이디어는 사실 이미 사람들 곁에 있습니다.

'사람'에 대한 집중이 혁신의 시발점이자 관점 전환의 첫걸음입니다.

생각을 한다고 좋은 아이디어가 만들어지지 않습니다. 새로운 혁신의 단초는 제품이나 서비스의 최종 사용자들을 관찰하면서 찾아낼 수 있습니다. 저 또한 BiC 볼펜처럼 새로운 혁신을 만들어내기 위해 가능한 한 모든 것을 관찰하려 합니다. 그런데, 그냥 보는 것만으로는 충분하지 않습니다. 항상 '왜'를 생각해봐야 합니다.

"왜 저 제품만 유독 잘 팔릴까?"
"왜 사람들은 가격이 비싼데도 저 제품을 구매할까?"
"다른 매장은 잘 안 되는데, 왜 저 매장에만 사람들이 저렇게 줄을 서 있을까?"

사실 쉬운 일은 아닙니다. 눈에 보이는 모든 것에 '의식적'으로 '왜'라는 한 글자를 붙여야 하기 때문이죠. 연습이 필요합니다.
여러분이 BiC 볼펜 제품개발자라고 생각해볼까요? '볼펜 뚜껑에 구멍을 낸다'는 생각을 쉽게 떠올릴 수 있을까요? 저 또한 마찬가지지만, 절대 쉽지 않은 일입니다. 대부분의 사람들은 사무실에 앉아 검색을 하며 사람들이 필요로 하는 제품을 생각하려고 하기 때문입니다.
검색의 결과물은 사람들이 정말로 원하는 것이 무엇인지를 알려주지 않습니다. 표면적인 니즈일 뿐, 잠재적인 니즈는 소비자 자신도 모르는 경우가 많기 때문입니다. 그래서 '왜'를 생각하고 사람들의 일상을 관찰하며 근본적인 니즈를 파악해야 합니다.

▬▬ 저는 책을 보면서도 이런 생각을 합니다. 몇 년 전만 해도 전자책은 사람들에게 익숙하지 않았습니다. 그래서 대부분의 사람들이 전자책시장을 부정적으로 봤습니다. 하지만 언제부턴가 사람들은 스마트폰이나 패드로 책을 보기 시작했고, 이제는 스마트기기로 책을 보는 사람을 찾는 게 더 쉬운 것 같습니다.

사람들의 이런 행동을 조금 더 면밀히 관찰한다면 사람들이 책을 더 많이 보게 하는 방법을 생각해낼 수 있을지도 모릅니다. '요즘 사람들은 책은 안 읽어'라는 편견으로 분석을 접는 것이 아니라 그들이 하루를 어떻게 보내는지 관찰해본다면 지금보다는 전자책이든 종이책이든 더 많이 읽게 할 수 있는 방법을 분명 찾아낼 수 있을 것입니다.

▬▬ 지금 주변의 것들을 그냥 '보고'만 있나요? '관찰'하고 있나요?
'보다'와 '관찰하다'의 차이는 딱 한 가지입니다. 스스로 이 질문을 해보시면 됩니다.

"지금 보고 있는 것에 의미를 부여하고 있습니까?"

제가 좋아하는 시가 있습니다. 바로 김춘수 시인의 '꽃'입니다. 김춘수의 '꽃'이란 시를 한번 볼까요? 낭독해보시면 더 좋을 것 같습니다.

내가 그의 이름을 불러주기 전에는
그는 다만
하나의 몸짓에 지나지 않았다.

내가 그의 이름을 불러주었을 때
그는 나에게로 와서
꽃이 되었다.

내가 그의 이름을 불러준 것처럼
나의 이 빛깔과 향기에 알맞은
누가 나의 이름을 불러다오.
그에게로 가서 나도
그의 꽃이 되고 싶다.

우리들은 모두
무엇이 되고 싶다.
너는 나에게 나는 너에게
잊혀지지 않는 하나의 눈짓이 되고 싶다.

이 시를 낭독하면서 어떤 생각이 들었나요? 시에 나온 '꽃'은 어떤 의미가 있을까요? 봄날에 거리를 걷다 보면 구청에서 도로 가장자리에 꽃을 심는 경우를 자주 봅니다. 그때 여러분에게 그 꽃들은 어떤 의미가 있었나요? 그냥 올해도 구청에서 꽃을 심는다고 생각했나요?

다음 시구를 더 자세히 살펴봅시다.

내가 그의 이름을 불러주었을 때

그는 나에게로 와서

꽃이 되었다.

'이름'을 불러주기 전에는 '그'는 그저 하나의 대상에 불과했습니다. 이름을 부른 후 꽃이 되었죠. 꽃이 되는 순간, 여러분은 길가에서 꽃향기를 느낄지도 모릅니다. 이것이 바로 의미 있는 관찰입니다.

어쩌면 '집착'이라는 말은 얼마나 애정을 담고 의미를 부여하고 있는지를 알려주는 단어인지도 모릅니다. 그런 면에서 긍정의 단어일지 모르죠.

▨▨▨ 요즘 많은 사람들이 강아지를 기릅니다. 강아지를 기르지 않는 사람에게 강아지는 그냥 동물이지만 기르는 사람에게 강아지는 더 이상 단순한 동물이 아닙니다. 그래서 사람들은 '반려견'이라는 단어를 사용합니다. 가족 같은 존재인 거죠.

'생각'은 의미 부여의 시작입니다. 익숙한 것들을

'관찰'해보세요. 의미를 부여하기 위해 '집착'해보세요. 관점은

그렇게 '전환'될 수 있습니다.

이제 여러분에게 강아지는 어떤 의미를 가지게 되었나요?

관점을 바꾸면 지금까지 보지 못했던 새로움을 익숙한 것들

속에서 찾을 수 있습니다. 더 이상의 혁신은 없을 것 같던

필기구 분야에서 BiC 볼펜이 혁신을 이뤄낸 것처럼요.

관점 전환을 위한 생각 습관

1 보지 말고 관찰해보세요.

2 관찰 후에는 의미를 부여해보세요.

3 기존의 의미가 아닌 새로운 의미를 발견해보세요.

03

더블클립

'핵심'을

다시 생각한다

■■■ 사람들은 새로운 것을

만들라고 하면 '새로운 것'에만

집중합니다. 하지만 새로움이라는 것에는 기존의 것을

새롭게 본다는 의미도 있습니다. 기존의 것을 새롭게 보려면 어떻게 해야 할까요?

'카를 둔커의 촛불 문제'라고 알려져 있는 문제를 한번 풀어볼까요? 우리에게

주어진 재료는 다음 그림과 같습니다. 그림 속의 재료들을 활용해 양초를 벽에

붙이려면 어떻게 해야 할까요? (단, 촛농이 바닥에 떨어지지 않아야 합니다.)

◀ 카를 둔커의 촛불 문제 준비물

처음에는 촛농으로 초를 벽에 붙이면 되지 않을까 생각했죠. 압정으로 초를

벽에 고정하면 어떨까요? 대부분의 사람들이 비슷한 생각을 합니다. 하지만 이

방법으로는 흘러내리는 촛농을 막을 수 없습니다.

문제 해결의 시작은 고정관념으로부터 탈피하는 것입니다. 다음 그림처럼 압정이

담겨 있는 상자를 비운 후 압정으로

상자를 벽에 고정시키고 그 안에 양초를

넣는 것이죠. 고정관념에

얽매이지 않았다면 간단한 문제입니다.

고정관념을 버리면 해결책이 보인다. ▶

■■■ 이 문제는 생각을 전환하라는 메시지를 줍니다. 사람들은 사물의 본래 기능에 집착하는 경향이 있습니다. 심리학에서는 이를 '기능적 고착'이라 말합니다. 촛불 문제의 경우에는 압정이 담긴 상자를 양초의 받침대로 활용할 수 있다는 사실을 생각하지 못하는 거죠. 고정관념이 새로운 시각을 방해하는 것입니다.

우리는 자신이 믿고 있는 것에서 벗어나 생각하지 못합니다. 자신이 믿고 있는 것이 진리라고 생각하는 것이죠. 이를 '심리적 타성'이라고 하는데, 기능적 고착과 같은 의미입니다. 첫인상도 마찬가지죠. 내가 어떤 사람을 처음에 부정적으로 평가하면 그 사람이 무슨 일을 해도 긍정적 평가를 내리기 쉽지 않습니다. 속으로는 '무슨 꿍꿍이지'라고 생각하기 때문입니다.

기존의 것을 새롭게 보기 위해서는 기능적 고착과 심리적 타성에서 벗어나야 합니다. 생각이 고착화되어 있으면 새로운 것만 찾으려 합니다. 기존의 것을 새로운 관점으로 보며 새로운 것을 창출할 생각은 하지 못합니다.

■■■ 여러분은 지금 액자를 걸기 위해 드릴을 찾고 있습니다. 구멍을 뚫기 위해 드릴이 필요한데 드릴이 없다면 심리적 타성에 빠진 사람들은 옆집이나 관리실에 가서 드릴을 구하려고 노력하죠.

그런데 심리적 타성에서 벗어난 사람들은 지금의 상황을 어떻게 해결할까요? 볼트든 못이든 뾰족한 것들을 망치로 쳐서 벽에 구멍을 뚫으려고 할 수도 있고, 귀차니즘에 지배된 사람이라면 테이프로 붙이려는 시도를 할 수도 있겠네요.

마케터의 관점에서 고객의 궁극적인 니즈 파악에 집중한다면, 액자의 목적은 가족의 추억을 상기시키는 것일 수 있습니다. 그렇다면 액자를 꼭 걸지 않고 어딘가에 걸쳐놔도 되지 않을까요? 핵심은 '눈에 보이는 것'이니까요.

이처럼 어떤 것에 매몰되지만 않는다면 다양한 방법을 생각해볼 수 있습니다.

어떤 일을 할 때는 결국 본질에 집중해야 합니다. 본질에 다가설 수 있는 방법이 무엇인지 찾아야 합니다. 기존 관점에 머물러 있다면 새로운 것을 생각하기 위해 노력한다 해도 성과를 내기는 쉽지 않습니다.

▬▬ 저희 집에는 공기청정기가 한 대 있습니다. 이 공기청정기는 필터 교체가 필요하면 여느 공기청정기처럼 빨간 불이 들어옵니다. 하지만 필터를 교체하지 않고 리셋을 할 수도 있는데, 이를 위해서는 작은 구멍을 3초 정도 누르고 있어야 합니다. 이때 가장 일반적으로 생각할 수 있는 방법은 이쑤시개로 그 작은 구멍을

누르고 있는 것입니다.

하지만 이쑤시개가 없을 경우, 저는 더블클립을 활용해

이 리셋 구멍을 누릅니다. 이쑤시개나 들어갈 수 있는

작은 구멍을 뭉툭한 더블클립으로 어떻게 누를 수

있을까요?

사실 더블클립의 손잡이 부분은 분리가 가능합니다.

클립과 연결된 부분이 공기청정기의 작은 구멍에 딱

▼ 기능적 고착을 벗어나 생각해보세요.

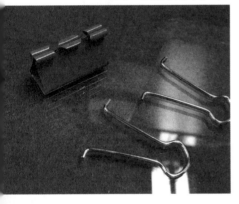

맞아서 리셋 버튼을 누를 수 있는

것이죠. 기능적 고착을 벗어나면

더블클립은 스마트폰 거치대가 되기도

하고, 면도기 커버가 되기도 한답니다.

어쩌면 이런 것이 기능적 고착을

벗어나는 방법일지 모릅니다.

세상에는 수많은 제품과 서비스가

존재하고, 그런 제품과 서비스는

고객들에 의해 새로운 용도로 사용되는 경우가 종종

있습니다. 심지어 우리가 생각하지 못했던 완전히 다른

용도로요.

대표적인 경우가 비아그라입니다. 협심증 치료 목적으로 개발된 비아그라는

발기부전에 효과가 있어 지금은 발기부전 치료제로 활용되고 있습니다.[1] 보톡스

또한 마찬가지입니다. 화학무기로 개발된 보톡스는 지금은 미용 목적으로

활용되고 있습니다. 독이 약이 된 사례라 할 수 있겠네요.

이뿐인가요? 바셀린의 개발 목적은 입술을 촉촉하게 하거나

각질을 제거하는 것인데, 고객들은 기상천외한 용도로

바셀린을 사용합니다. 구글을 검색해보면 '30가지 바셀린

사용법', '바셀린의 20가지 용도' 등 바셀린이 얼마나

다양하게 사용되고 있는지 알 수 있습니다. (벽의

얼룩이나 립스틱 자국을 제거하거나 가죽제품의 광택을

낼 때, 상처 치료에도 사용할 수 있다고 하네요.)

비아그라, 보톡스, 바셀린을 개발한 사람들이 이런 용도를

생각이나 했을까요? 그렇지 않습니다. 기능적 고착이나 심리적

타성을 넘어서는 방법은 부가적인 것들을 다 떼어버리고 본질에

집중하는 것입니다. 그 본질이 여러분을 새로운 세상으로 이끌

것입니다.

다이슨이 혁신의 대명사가 된 것은 본질에 집중했기 때문입니다.

다이슨은 선풍기의 핵심은 선풍기의 '날개'가 아니라 '바람을 만들어내는

것'이라는 사실을 발견했습니다. 날개 없이 바람을 만들어내는 선풍기를 만들었고, 다이슨이 개발한 새로운 선풍기는 고객이 갖고 있던 상식을 멋지게 파괴했습니다. 발뮤다 선풍기도 디자인 측면에서 멋지지만 다이슨을 넘어서지 못합니다.

기존의 것을 새롭게 보는 것만으로도 여러분은 많은 사람을 유혹할 수 있습니다. 세상에 없던 것은 결국 기존의 것을 바꾸면서 만들어집니다.

◀ 선풍기의 본질은 무엇인가?

관점 전환을 위한 생각 습관

1 여러분이 가장 많이 사용하는 제품을 한번 찾아보세요.

2 해당 제품의 핵심 기능은 무엇입니까?

3 기능적 고착에서 벗어나 그 제품을 새롭게 본다면, 어떤 제품이 나올 수 있을까요?

골프 클럽 보이는 대로 보지 않는다

저는 대학교 때 이공계열과 사회과학계열 모두를 경험해봤습니다. 중간에 전공을 바꿨기 때문입니다. 제가 느낀 이공계열과 사회과학계열의 가장 큰 차이는 다음과 같았습니다.

'공식'을 고수하는가, 그렇지 않은가?

이공계열에서는 A가 투입되면 B가 나와야 합니다. 딱딱 떨어져야 하죠. 생각을 할 때도 그렇습니다. 하지만 사회과학계열에서는 이럴 수도 있고 저럴 수도 있는 경우가 많았습니다. 딱 맞아떨어지는 공식이 없는 것처럼 보였고, 그러다 보니 발표하거나 공부할 때 적응하기 힘들었던 기억이 있습니다. 그렇다고 이공계열이 창의적이지 못하다거나 사회과학계열이 난삽하다는 이야기는 아닙니다. 핵심은 '시각의 차이'입니다.

━━━ '시각의 차이'는 결국 사람들이 자신이 경험한 것을 중심으로만 보게 만들고 자신이 몰두하고 있는 것에만 집중하게 합니다. 회사에서 회의할 때도 마찬가지입니다. 신사업 관련 회의를 할 때 마케터는 신제품의 고객과 콘셉트에 집중하고, 영업 사원은 팔릴 수 있는 제품인지 아닌지, 개발자는 보유한 기술로 제품을 만들 수 있는지 없는지를 고민합니다. 그러다 보니 회의가 산으로 가는 경우가 발생하고, 고객이 진정으로 원하는 것과는 상관없이 각 조직의 이해관계에 맞춰 제품이 개발되는 경우가 종종 발생합니다.

무조건 기술이 좋다고 고객이 해당 제품을 좋아할까요?
기능이 많으면 그 제품을 선호할까요? 그렇지 않죠.
다양한 고객군이 있겠지만, 우리가 제품을 팔아야 하는
핵심 고객은 하나입니다.
자신의 관점에서만 고객을 보기 때문에 핵심 고객을
공략하는 스윗스팟을 보지 못하는 경우가 발생합니다.
스윗스팟은 스포츠 용어로 골프 클럽, 야구 배트, 테니스
라켓 등으로 공을 맞췄을 때 가장 빠르게, 멀리 날릴
수 있는 지점을 말합니다. 경영에서는 고객이 제품을
구매하게 만드는 핵심 니즈라고 할 수 있습니다.

■■■ '보이지 않는 고릴라 실험'이라는 유명한 영상이 있습니다.[2] 이 영상에서는
학생들이 농구공을 가지고 패스를 하고 있고, 실험 과제는 패스 횟수를 세어보는
것입니다. 이 영상을 보는 사람들은 오직 과제에만 집중하느라 거대한 고릴라가
지나가거나 커튼 색깔이 바뀌는 것은 인지하지 못합니다.
집중하고 있지만 다른 부분을 인지하지 못하는 이 현상은 '터널 시야', '무주의
맹시' 등으로 불립니다. 크리스토퍼 차브리스와 대니얼 사이먼스의 《보이지 않는
고릴라》에 관한 내용은 웹사이트나 유튜브를 통해서도 볼 수 있습니다.[3]
《블랙스완》으로 유명한 미래학자 나심 탈레브는 보이지 않는 고릴라 실험에 대해
다음과 같이 이야기합니다.

"주의 환상The illusion of attention은 인간 사고에서 가장 중요하고 놀라운, 그리고 잘

알려진 결함 중 하나다."

주의력은 좋지만 맥락을 파악하지 못한 주의력은 오히려 해를 끼칠 수 있습니다.

우리는 회사에서도 이런 상황을 경험합니다. CEO가 마케터 출신인지, 기획통인지,

R&D 출신인지에 따라서 회사가 추구하는 방향이나 중점 사항이 달라집니다. 이

또한 자신이 가지고 있는 경험이나 지식에 기반해 움직이기 때문입니다.

과거 작은 매장의 컨설팅 보고서를 본 적이

있었습니다. 보고서를 보다가 ERP(전사적 자원관리)라는

단어가 눈에 들어왔죠. ERP는 기업체에서 업무를

효율적으로 관리하기 위해 구축하는 시스템입니다.

그런데 이 시스템을 연간 매출이 2억도 안 되는 매장에

구축해야 한다고 적어놓은 겁니다. 맥락을 파악하지 못한

상황이기도 하지만 자신이 알고 있는 경험과 지식을

맹목적으로 적용한 경우죠.

이렇게 사람들은 자신이 보고자 하는 것만 보다가

어이없는 상황을 만듭니다. 어쩌면 맥락을 보려는 노력을

하지 않은 것인지도 모르겠습니다.

▨▨ 저 또한 제가 가지고 있는 지식에만 너무 집중한 나머지 다른 관점에서 보지

못하고 있는 것은 아닌지 생각한 적이 있었습니다. 그래서 청중에 대해 공부하기

위해 프레젠테이션 책을 10여 권 정도 읽었는데, 패턴에 관한 내용이 인상

깊었습니다.

사람들은 글자체를 패턴으로 인식한다고 합니다.[4] 예를 들어, 다음 그림을 보면

어떤 글자가 떠오르나요? A라는 알파벳을 알고 있기 때문에 다음 글자를 모두 A로

인식합니다.

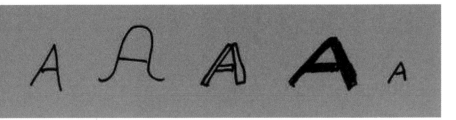

옆에 있던 딸에게 두 번째 글자가 무엇으로 보이는지 물어봤습니다. 아직 알파벳을

배우지 않았기 때문에 어떻게 인식하는지 궁금했습니다. 어떻게 대답했을까요?

한글도 영어도 모르는 어린아이의 시각에서 본다면 저 글자는 어떻게 보였을까요?

바로 '종'입니다. (또 주스 컵이란 말도 했죠. 거꾸로 보면 컵처럼 보이기도 합니다.

세 번째 글자를 보고 지게를 떠올린 딸을 보며 혹시 하는 기대를 해보기도

했습니다.)

어떤가요? 경험과 지식은 분명 패턴에 기반해 다양한 것들을 빠르게 인식할 수 있게 해줍니다. 하지만 새로운 것을 생각하지 못하게 만들기도 합니다. 이른바 '지식의 저주'라고 하죠. A라는 알파벳을 알고 있는 성인이라면 두 번째 글자를 '종'이나 '주스 컵'으로 생각하기 어렵습니다. 세 번째 글자도 마찬가지죠.

▰▰▰ 여러분은 친구들과 대화할 때 자신의 말이 옳다고 우긴 적이 있나요? 저는 종종 있습니다. 제가 알고 있는 상식, 경험, 가치에 근거해 제 말이 옳다고 우기는데, 갑자기 친구들이 다른 관점을 제시하면 마치 뒤통수를 크게 얻어맞은 기분이었습니다. 무엇이 저의 맹점이었을까요?

여러분이 새로운 시각을 얻고자 한다면, 지식이 도움이 될 수도 있겠지만, 내가 보고 싶은 대로 봐서는 안 됩니다. 자신의 경험과 지식은 활용하되, 머릿속 한편에는 새로운 것을 넣어둘 공간을 만들어둬야 합니다. 그때 우리는 스윗스팟을 찾을 수 있고, 자신의 맹점을 없앨 수 있습니다.

■■■ 어떤 문제를 풀 때도 마찬가지입니다. 카페의 매출이 하락했을 때 기존의 경험을 바탕으로 매출 하락은 높은 가격 때문이라고 관성적으로 판단한다면 다른 것을 보지 못할 수 있습니다. 높은 가격 때문이라는 증거 찾기에만 몰두하죠. 문제는 커피의 맛, 매장의 인테리어와 분위기, 입지, 직원의 서비스 등 다양한 요소가 있을 수도 있는데 말이죠.

이런 경우를 '확증편향의 오류'라고 합니다. 자신의 입맛에 맞는 것만 찾으려 하고 나머지는 보지 않으려는 현상이죠. 회사 내에서도 하나의 관점으로만 보려는 사람들이 있습니다. 그런 사람들과 대화를 하면 답답할 뿐만 아니라 일이 끝나지 않습니다. 회사의 문제는 다양할 수 있는데 자신이 생각하는 방향으로만 맞추려고 하기 때문입니다. 그러다 지치면 문제가 이상하다는 말로 얼버무리거나 다른 사람을 탓하기도 하죠.

회사에서 상품기획을 한다면 특히 중요합니다. 내가 만들고자 하는 것이 아니라 고객이 원하는 것을 봐야 하기 때문입니다. 보고도 마찬가지죠. 상사가 원하는 것이 무엇인지, 최종 의사결정자가 알고 싶은 것이 무엇인지를 파악해야 합니다. 내가 알고 있는 것은 결국 회사 전체 관점에서 보면 일부분이고 고객 관점에서 보면 아주 작은 것에 불과할 수 있습니다.

■■■ 우리가 살고 있는 공간에서 지구를 생각한다면 상상이 되지 않습니다. 하지만 우주에서 본다면

어떨까요? 더 멋지고 더 광대한 지구가 보일 것입니다.

거기서 우리가 찾고자 하는 것을 쉽게 찾을 수 있습니다.

새로운 것을 보고 싶다면 내가 아닌 상대방에

집중하세요. 더 다양한 관점을 보고 싶다면 큰 그림을

먼저 보려고 해보세요. 새로운 것은 줌인Zoom-In에서

나올 수도 있지만 줌아웃Zoom-Out에서 나올 가능성이 더

높습니다.

관점 전환을 위한 생각 습관

1 여러분이 가지고 있는 맹점은 무엇인가요?

2 맹점에서 벗어나 줌아웃해보세요.

3 터널 시야, 확증편향에 빠져 있는 것들은 없는지 찾아보세요.

새로운 것은

줌인에서 나올 수도 있지만

줌아웃에서 나올 가능성이

더 높습니다.

도트

연결할

어떻게

것인가

■■■ 저는 그림 그리는 것을 좋아합니다. 학창 시절에도

미술 시간을 좋아했고, 미술 시간만 되면 마음이 편했습니다.

누군가에게는 잠시 공부라는 마음의 짐을 내려놓는 시간이었지만, 저에게 미술

시간은 진짜 미술을 공부하는 시간이었습니다.

직장에 들어가서도 성인 취미 미술학원을 다니기도 했습니다. 주말에는 5시간

정도를 앉아서 그렸습니다. 회사에서 5시간은 엄청나게 긴 시간이었지만

미술학원에서의 5시간은 순식간이었죠. 신입 사원 시절 나름 즐거운

추억이었습니다.

이런 추억이 있어서인지 그림을 통해 생각을 전환시킬 수 있을지를 고민합니다. 그래서 《서양미술사》,《미학 오디세이》,《아트씽킹》,《발칙한 예술가들》, 《위작의 미술사》 등 다양한 책들도 즐겨 봅니다. 이런 책들을 보다 보면 생각을 전환시켜주는 대표적인 예술가들이 있습니다. 파블로 피카소, 르네 마그리트, 마르셀 뒤샹입니다.

▨▨▨ 보통 사람들은 그림을 그릴 때 한 방향에서 본 모습으로 그림을 그립니다. 화가들도 입체파가 나오기 전까지는 원근법을 적용해 한 방향에서 사물을 봤을 때의 모습을 그렸습니다. 하지만 20세기 초 프랑스에서 시작된 입체주의는 사물을 다양한 관점에서 바라봅니다. 저는 입체파의 거장 피카소를 보면서 지금의 비즈니스 현장에는 피카소처럼 다양한 시각에서 볼 수 있는 통찰이 필요하다고 생각합니다.

굳이 비즈니스 현장이 아니더라도 삶 자체를 다양하게 바라보는 연습이 필요합니다. MZ세대의 대두와 함께 사람들의 가치가 다양해지고 있는데, 이런 세대를 이해할 때도 마찬가지라고 생각합니다. 모든 사람이 추구하는 가치가 하나의 요소로 압축되지 않기 때문입니다.

▨▨▨ 파블로 피카소의 '우는 여인'을 볼까요? 눈, 입, 코, 손 등이 각기 다른 시점(관점)에서 그려져 있습니다. 이런 방식은 누가 다른 관점에서 그려보라고

▲ 파블로 피카소 '우는 여인'

(출처: https://www.tate.org.uk/art/images/work/T/T05/T05010_10.jpg)

시킨다고 가능한 것이 아닙니다. 관점을 전환하는 훈련이 필요합니다. 이를 위해

앞에서 언급한 '관찰'이 필요하죠.

"예술은 그 자체보다는 바라보는 우리의 시선에 관한 것이다." 마르셀 뒤샹은

예술에 대해 이렇게 말했습니다. 그래서인지 예술가들은 관찰력이 뛰어납니다.

그런 뛰어난 관찰력은 사물을 다른 관점에서 보고, 때로는 사물 그 자체를 다른

관점으로 해석하기도 합니다.

'우는 여인'은 우리가 생각하는 사람의 모습을 복합적인 관점에서 그림으로써

사람이 이렇게 조합된 모습으로 보일 수도 있다는 것을 알려줍니다. 파블로 피카소는 눈에 보이는 것이 아니라 머릿속 생각을 그려낸 것이죠. 누군가가 우는 모습을 떠올릴 때 우리는 그 사람의 옆모습, 정면만 생각하지 않습니다.

▬▬ 피카소의 그림은 '사람을 어떻게 인식해야 하는가?'라는 본질의 문제로 우리를 초대합니다. 보이는 것과 본질은 다르기 때문입니다. 예술가들의 관점을 전환하는 스킬은 '본질이 무엇인가?'와 연결됩니다.

피카소의 다른 그림을 봐도 그렇습니다. 여러분은 다음 그림이 어떤 것을 보여주는 것이라고 생각하나요? 아마 '황소'라는 것을 눈치 챘을 것입니다. 어떻게 우리가 알고 있는 황소의 모습이 이렇게 단순해질 수 있을까요?

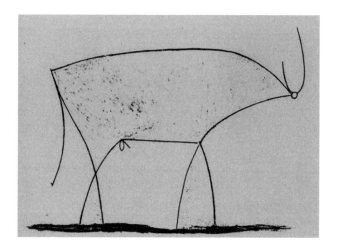

다음 그림은 피카소의 '황소' 그림이 단순해지는 모습입니다. 사물을 분해하면서

겉치레가 제거되며 황소의 뼈대만 남죠. 이 뼈대가 황소의 '본질'입니다. 만약

여러분이 새로운 황소를 그린다면 이 뼈대를 바탕으로 하면 됩니다. 그리고

100명이 그리면 100명 모두가 다 새로운 황소를 그릴 수가 있습니다. 새로운 황소

100마리가 탄생하게 되죠.

▼ 파블로 피카소 '황소 연작'
(출처: http://www.artyfactory.com/art_appreciation/animals_in_art/pablo_picasso.htm)

파블로 피카소의 놀라운 통찰력은 본질에 대한 집중에 있습니다. 그 본질이

새로움을 탄생시키는 원동력입니다.

이번에는 르네 마그리트를 한번 볼까요? 초현실주의 작가인 벨기에의 화가 르네 마그리트의 그림을 여러분도 한 번쯤 봤을 겁니다. 다음 그림은 '겨울비'란 작품입니다. 르네 마그리트는 익숙한 것을 다른 맥락에서 봄으로써 관점을 전환시킨 화가 중의 하나입니다.

▲ 르네 마그리트 '겨울비'
(출처: https://www.flickr.com/photos/gandalfsgallery)

마그리트는 "나는 내 작품을 단순히 보는 것이 아니라 생각하게 하고 싶다"라는 말을 하기도 했습니다. 그의 그림을 보면 '이 그림에서 말하고 싶은 것이 뭘까?', '왜 여기에 이 그림이 있을까?'라는 생각을 하게 됩니다.

'이미지의 배반'이라는 작품은 관점을 전환하기 위해 어떻게 해야 하는지를 알려줍니다. 1929년도 작품인 '이미지의 배반'에는 파이프 그림과 그 밑에 한 문장이 적혀 있습니다. 그 문장은 "이것은 파이프가 아니다"입니다.

왜 이 그림 밑에 그런 문장을 적었을까요? 분명 누가 봐도 파이프 그림인데 말이죠. 이미지의 배반이라는 말에서 알 수 있듯이, 우리가 생각하는 파이프의 그림은 맞지만, 파이프란 것이 항상 그림과 같은 모습은 아닐 수도 있다는 거죠.

▲ 르네 마그리트 '이미지의 배반'
(출처: https://www.flickr.com/photos/rocor)

■■■ 여러분이 생각하는 의자의 모습은 어떻습니까? 다리가 네 개있고, 등받이가 있는 모습인가요? 하지만 의자가 꼭 그런 모습이라는 법이 있을까요? 의자를 그런 모습으로 우리가 '정의'하고 있는 것 아닐까요? 마치 고정관념처럼 말이죠. 르네 마그리트가 말하고자 하는 이미지의 배반은 '텍스트=이미지'가 항상 우리가

생각하는 모습이 아닐 수도 있다는 의미입니다. 앞의 그림에서처럼 파이프가 저런 모습이라는 '정의'는 사람들이 내린 것이기 때문에 파이프의 모습은 언제든지 바뀔 수 있습니다.

르네 마그리트가 말하고 싶은 것은 결국 파블로 피카소처럼 본질을 보라는 뜻일지 모르겠습니다. 외형에 집중하는 것이 아닌 그 이면을 들여다보는 것이 필요한 것이죠.

■■■■ 마르셀 뒤샹도 제가 좋아하는 예술가입니다. 그 또한 예술 작품에 대한 시각을 전환시켜준 대표적인 예술가입니다.

생각을 전환시켜준 그의 작품 중 하나는 '샘'입니다. 이 '샘'이란 작품은 누가 봐도 남성용 소변기입니다. 하지만 마르셀 뒤샹은 이를 '샘'이라는 작품으로 만들었습니다. 사람들은 예술이란 것이 뭔가 그리거나 조각하거나 해서 만들어진다고 생각합니다. 사실 대부분의 예술 작품이 그렇습니다.

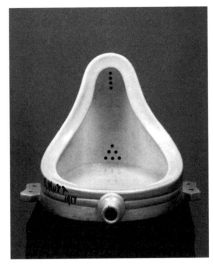

▶
마르셀 뒤샹 '샘'
(출처: https://www.flickr.com/photos/13774680@N04)

하지만 이처럼 주변에 있는 사물을 다른 관점으로 보는 것만으로도 예술 작품을 만들 수 있습니다. 그는 예술에 대해 이렇게 말했습니다.

"예술은 색을 칠하거나 구성할 수도 있지만 단지 선택만 할 수도 있다."

만드는 것뿐만 아니라 이미 만들어진 것도 예술 작품이 될 수 있는 것이죠. 어떻게 생각하나요? 만들어진 것 그 자체도 예술 작품이 될 수 있을까요?

이런 생각을 한 건 마르셀 뒤샹뿐이 아니었습니다. 앞서 언급한 파블로 피카소 역시 그랬습니다. 파블로 피카소의 유명한 작품 중에 '황소머리'가 있습니다. 이 작품은 파블로 피카소가 자전거 안장과 핸들을 이용해 만든 작품입니다. 사물 자체를 변형시키지 않고 연결만 시켜놓았죠. 단순히 안장과 핸들을 붙여놓은 것이 런던경매장에서 300억 원에 팔렸습니다.

파블로 피카소 '황소머리'
(출처: https://www.moma.org)

새로운 것을 찾고 싶다면, 사실 '있는 것을 어떤 관점에서 바라보고 어떻게 연결시킬 것인가?'가 더 중요합니다. 스티브 잡스가 "Connecting the dots(현재는 '점'에 불과한 사건들이 의미 있는 연결고리를 만나 미래에 생각지도 못한 결과를 낳게 된다는 의미에서 '인생에 쓸모없는 우연은 없다'라는 뜻으로 쓰임)"라고 말했던 것처럼 말이죠. 이와 유사한 맥락으로 파블로 피카소가 한 말이 있습니다.

"나는 찾지 않는다. 다만 있는 것 중에서 발견할 뿐이다."

발견이란 결국 관점과 연결의 문제인 것이죠.

관점 전환을 위한 생각 습관

1 여러분이 생각하는 사람을 적어보세요.

2 피카소처럼 다양한 관점으로 접근해보세요.

3 다양한 관점에서 도출된 사람을 여러분 마음대로 정의해보세요.

이면지

그릴 수 없다면

이해할 수 없다

'비즈니스' 하면 자연스럽게 떠오르는 단어 중 하나는 '분석'입니다. 사람들은 분석을 통해 '통찰'을 할 수 있다고 말합니다. 맞습니다. 어떻게 분석하느냐에 따라 통찰을 얻느냐 그렇지 못하느냐가 결정됩니다. 저 또한 통찰을 획득하기 위해 다양한 관점에서 분석을 시도합니다. 하지만 많은 사람들에게 분석은 여전히 어렵습니다.

어떻게 하면 통찰에 조금 더 쉽게 다가갈 수 있을까요? 저는 가장 좋은 방법은 '시각화'라고 생각합니다. 그래서 저는 이렇게 말하고 싶습니다.

"분석하지 말고 상상하라!"

여러분이 말하고 싶은 것을 일단 상상하고 이를 종이에 적어보는 것입니다.
그 과정에서 자신의 생각을 정리하고, 정리된 생각을 바탕으로 새로운 분석의
관점을 얻을 수 있기 때문입니다. 생각의 시각화는 머릿속에 있는 것을 단순히
종이에 옮겨 적는 행위가 아닙니다.

▬▬▬ 르네상스 시대의 천재하면 가장 먼저 떠오르는
사람이 누구인가요? 저는 레오나르도 다빈치가
떠오르네요. '최후의 만찬', '모나리자' 등으로도 유명한
레오나르도 다빈치는 수많은 스케치를 남겼습니다. 다음
비행기구 그림도 그중 하나입니다.
레오나르도 다빈치가 유명한 화가여서 이런 그림을
남긴 것이 아닙니다. 그는 스케치를 통해 자신의 생각을
시각화함으로써 더 많은 아이디어를 창출했던 것이죠.

《레오나르도 다빈치처럼 생각하는 법》의 저자 마이클
겔브는 "레오나르도 다빈치의 스케치는 관찰하고
새로운 것을 창조하기 위한 가장 좋은 방법이었다"라고
말합니다.[5] 헬리콥터, 탱크, 인체, 동물 등 레오나르도

다빈치가 남긴 수많은 스케치는 정말 그가 그림을 통해

얼마나 많은 것들을 학습했는지 알려줍니다.

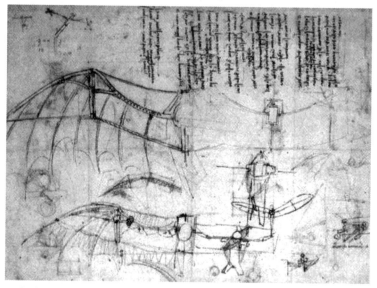

▲ 레오나르도 다빈치의 비행기구 스케치

이런 스케치는 그의 무한한 호기심 때문이기도 합니다. 스케치는 단순한

그림이 아닙니다. 스케치를 하다 보면 그 대상을 떠올리게 되고, 어떻게 생겼는지,

가지고 있는 기능들은 무엇이고 어떤 역할을 하는지, 그리고 어떤 의미를

가지는지를 생각하게 됩니다.

우리가 집에서 가장 많이 보는 밥솥은 어떻게 생겼나요? 매 끼니를 챙겨먹지

않더라도 집 한 귀퉁이에는 밥솥이 자리 잡고 있습니다. 저희 집에는 식탁 위에 있어 가장 눈에 띄죠. 매일 밥솥을 보지만 막상 밥솥을 그리라고 하면 외형 외에 밥솥 기능 버튼이나 밥솥을 여는 곳이 어떻게 생겼는지 그리기 어렵습니다. 이런 스케치는 사람들이 막연히 알고 있던 것을 자세하게 알려줍니다. 잠시 그 대상을 생각하게 만들죠.

여러분들이 가장 좋아하는 것을 한번 떠올려보세요. 그것을 지금 하얀 백지 위에 그려보세요. 잘 그려지나요? 바로 그려진다면 그 대상에 대해 애착을 갖고 그 대상이 갖고 있는 장단점을 정확하게 파악하고 있는 겁니다. 하지만 그렇지 않다면, 어쩌면 그 대상에 대해 막연히 좋아한다는 감정만을 가지고 있는 것일지도 모릅니다.

▲ 밀튼 글레이저의
'I♥NY' 콘셉트 스케치
(출처: www.moma.org)

■■■ 디자이너들이 제품을 디자인하듯, 여러분도 여러분이 관심 있는 것을 디자인해보세요. 디자인하려다 보면 보이지 않던 새로운 것이 보일 것입니다. 통찰이란 아무도 생각하지 못했던 것을 보는 것이 아닙니다. 다른 사람들이 보지 못한 것을 찾아낼 때 나오는 것입니다.

'I♥NY' 로고를 디자인한 세계적인 그래픽 디자이너 밀튼 글레이저는 이 로고를 택시 안에서 스케치했다고

합니다. 이후 이 로고는 9.11 테러 후 뉴욕 시민들의 마음을 위로하기 위해 'more than ever'라는 글자가 추가되었습니다. 이런 유명 디자이너들 또한 스케치를 통해 자신이 말하고 싶은 것을 그리며 많은 사람들이 좋아할만한 것을 탄생시켰습니다.

밀턴 글레이저는 "우리는 항상 바라보지만 정말로 제대로 보지 못한다"라고 말했습니다. 그러면서 이렇게 덧붙였죠. "사물을 그릴 때 정신은 깊게, 강렬히 관심을 가지게 된다." 어떤가요? 여러분도 그렇지 않나요? 내가 뭔가를 그릴 때, 나도 모르게 몰입한 적 없나요? 저는 취미 미술학원을 다닐 때나 학창 시절 미술학원을 다닐 때 몰입을 했던 것 같습니다. 그래서 등받이가 없는 의자에 1시간만 앉아 있어도 원래는 몸이 뻐근해야 하는데 몇 시간을 있어도 몸이 피로하지 않았죠.

■■■ 저는 지금도 뭔가를 구상할 때 A4 이면지를 활용해 생각을 정리합니다. 일을 할 때 그렇게 연습하고 배워서 그런지 지금은 컴퓨터 앞에서 일하는 시간보다 종이에 정리하는 시간이 더 많습니다. 강의 스토리를 짤 때도, 컨설팅 자료를 분석하고 아이디어를 구상할 때도 말이죠. 어쩌면 스케치는 새로운 아이디어를 만드는 시발점이자 완성하는 종착점일지 모릅니다.

이런 스케치를 비즈니스에서는 시각화 혹은 이미지화라고 표현하는데, 시각화의 효과는 생각보다 큽니다.

■■■ 다음 페이지에는 두 개의 사진이 있습니다. 사진을 보면 이 지역에는 지금 어떤 문제가 있는 것 같아 보이나요? 쉽게 알아차릴 수 있을 것입니다. 이 사진은 집값이 너무 높아 거주공간에 빨래를 널 수 없을 지경에 이른 홍콩의 모습입니다. 평당 단가가 너무 높다 보니 거주할 공간도 벅찬 지경이 되어 빨래는 거주공간 밖에 널어둔 것이죠.

홍콩을 여행해봤다면 도심 거주지역 곳곳에 빨래들이 널려 있는 모습을 보셨을 것입니다. 이 사진은 2018 IPA 어워드와 2019 렌즈컬쳐 비주얼 스토리텔링 어워드LensCulture Visual Storytelling Awards 최종 후보 작품으로 윙카호Wing Ka Ho라는 홍콩의 90년대생 젊은 사진작가의 작품입니다.[6] 'Laundry Art'라는 테마로 홍콩 사람들이 얼마나 다양한 곳에 세탁물을 널고 있는지를 볼 수 있습니다.

▲ Laundry Art #1. ⓒWing Ka Ho

(출처: https://www.lensculture.com/2019-visual-storytelling-award-winners?modal=wing-ka-ho-the-inner-of-visual-storytelling-awards-2019)

만약 여러분에게 홍콩의 심각한 거주 문제를 알린다고 했을 때, 말로만 했다면 그 정도를 상상할 수 있었을까요? 머릿속에 그려지는 이미지로는 한계가 있을 것입니다. 이처럼 보이는 것은 그 어떤 것보다도 강력하고, 사람들에게 새로운 것을 알려줄 수 있습니다. 어쩌면 문제에 대한 해결책을 제시할 수도 있을 것입니다. 어떤 유형의 빨래가 어떻게, 어떤 장소에 널려 있는지를 보면서 말이죠.

■■■■ 새로운 것을 배우고 만들어내고 싶다면, 일단 스케치를 해보세요. 그림을 잘 그리는 것은 중요하지 않습니다. 내가 그 대상을 얼마나 자세히 알고 있느냐가 중요합니다. 그게 바로 새로운 것을 만들어내고 관점을 전환할 수 있는 기회입니다. 그게 일상에서든 비즈니에서든 상관없습니다.

관점 전환을 위한 생각 습관

1 일단 여러분이 생각하는 것을 떠올리며 스케치해보세요.

2 그 대상의 세부적인 것들을 곰곰이 생각해보세요.

3 스케치하면서 있었지만 몰랐던 것, 새롭게 생각해낸 아이디어를 정리해보세요.

07

안경

모든 것은

이어진다

▬▬ 거리를 걸어 다닐 때,
저는 주변을 자주 둘러보는
편입니다. 주변을 보고 다닌다고
하면 '부동산투자를 하나…'
하고 생각할 수도 있는데,
그냥 주변을 두리번거리며
어떤 변화가 일어나고 있는지
살펴보는 것입니다.

■■■ 저희 동네에는 구청을 따라 상가들이 늘어서 있습니다. 그런데 언제부턴가 이 상가들의 공실이 조금씩 늘어나기도 하고 어떤 때는 새로운 매장이 주르륵 들어서기도 합니다. 500미터나 될까 한 이 짧은 거리의 모습들을 통해 어떤 변화가 일어나고 있는지 관찰합니다.

이런 관찰은 '공실이 느는 걸 보니 경제가 어렵나보군', '새로 들어오는 매장이 주로 카페인 걸 보니 여전히 사람들이 카페 창업에 관심이 많네'라는 생각으로 연결됩니다. 그런데 이 두 가지 변화를 보면서 이런 생각도 합니다. '프리미엄 카페보다는 저가 카페가 많이 들어오네. 경제가 어려우니 고객들의 구매력이 약해졌나보다…' 그러면서 기존에 있었던 매장은 어떤 유형이었는지, 가격대는 어땠는지를 떠올리죠.

의미 파악은 하나의 사실을 관찰한다고 나오지는 않습니다. 여러 상황을 종합해서 보는 게 필요하기 때문이죠. 이게 '맥락'입니다. 맥락에 따라 동일한 현상이 다르게 해석될 수 있습니다.

■■■ 하나만 깊이 파는 것도 좋지만, 맥락을 이해하지 못하면 잘못된 판단을 하기 십상입니다. 예를 들어, 아파트 단지가 크니 상가를 얻어 가게를 하면 잘될 거란 생각을 할 수도 있습니다. 하지만 아파트 단지 사람들의

구매력, 성향, 연령대에 따라 잘될 수 있는 업종은
달라집니다.

이런 맥락에는 주변 상황과 함께 경험이나 지식이
영향을 미칩니다. 다음 사진을 볼까요?
이 사진에 대해 어떻게 묘사할 수
있을까요? 사진에서도 볼 수 있듯이,
"흑인 남성이 뛰어가고 있다", "뭔가
급한 일이 있는 것 같다"라고 설명할 수
있습니다.

그런데 만약 이 사진의 전체 모습을
본다면 어떻게 말할까요? 다음
페이지의 사진에서 제복을 입은 경찰관이 앞서가는
흑인을 뒤따라가는 모습을 볼 수 있습니다. 만약
여러분에게 편견이 존재한다면, 경찰관이 범죄자를
쫓고 있는 것이라고 말할 겁니다. 많은 사람들이
그렇게 말하죠. 인종에 대한 편견이 무의식 속에 자리
잡고 있기 때문입니다.
여기서도 맥락이라는 것이 작동합니다. 잘못된
맥락이긴 하지만 이 상황을 종합해서 나름대로의

판단을 내린 것이죠.

하지만 위 사진은 사실 제복을 입은 경찰관(백인)과 사복을 입은 경찰관(흑인)이

범죄자를 쫓고 있는 모습을 찍은 것입니다. 이 사진은 경찰관을 모집하는 광고로

인종에 대한 편견을 버리고 다양한 인종을 채용하려는 의도를 가지고 있습니다.

사진 밑에 글에서도 이 광고의 의도를 볼 수 있습니다.

경찰에 대한 편견의 또 다른 사례일까요?

아니면 당신이 가지고 있는 편견의 또 다른 예일까요?

이처럼 관찰을 통해 의미를 발견하고 싶다면, 여러분은 맥락을 봐야 합니다. 물론 자신의 경험과 지식이 편견으로 작동하지 않도록 해야 하죠. 경험과 지식이 맥락을 이해하는 데 도움이 되지만 잘못된 의미를 도출할 수도 있으니 말이죠.

■■■ 이런 맥락은 1892년 독일의 한 유머잡지에 게재된 토끼와 오리 그림에서도 볼 수 있습니다. 여러분은 이 그림이 토끼로 보이나요, 오리로 보이나요?

▲ 이 그림은 토끼일까요, 오리일까요?

창의적 사고와 관련해 많이 나오는 이 그림은 어떻게 보면 토끼, 또 어떻게 보면 오리입니다. 여러분이 보는 시각에 따라 달라지죠. 좌측을 중심으로 본다면 오리로 보이고, 우측을 중심으로 본다면 토끼로 보입니다. 여기서도 결국 보는 사람(상황)에 따라 그림에 대한 해석이 달라집니다. 좌파와 우파 같은 이분법적인 시각이 동일한 사회적 이슈를 보더라도 다르게 해석하는 것처럼 말이죠.

카페 하면 가장 먼저 떠오르는 것을 말해보라고 하면 많은 사람들이 스타벅스를 언급합니다. 사람들의 머릿속 가장 상위에 있기 때문입니다. 스타벅스의 브랜드 가치는 국내 유수의 대기업 못지않습니다. 스타벅스가 들어서면 빌딩의 가치가 올라간다는 말도 있죠.

한번 스타벅스 로고를 떠올려보세요. 녹색 원형, 중앙에 세이렌이라는 바다의 요정이 저절로 그려지죠? 스타벅스 유사 로고는 이런 핵심적인 사항을 교묘히 따라합니다. 스타벅스의 인지도를 활용하기 위한 것이죠. 이는 사람들이 가지고 있는 카페의 맥락을 활용한 예입니다. 결국 '짝퉁'은 사람들이 가지고 있는 편견을 자신의 제품이나 서비스에 적용시키려는 활동인지도 모르겠습니다.

이런 맥락은 경험을 파는 시장에서 특히 중요합니다. 온라인유통업체 와비파커Warbyparker는 안경에 대한 경험을 팝니다. 이 업체는 안경 다섯 개를 집에서 써볼 수 있도록 해주고 마음에 들 경우 안경을 구매할 수 있습니다.

세계에서 가장 혁신적인 기업으로 선정(2015년)된 와비파커는 온라인을 통해 유통 단계를 줄이고 가격을 95달러로 단일화시켜 안경시장에서 혁신을 주도했습니다. 이런 것도 중요하지만, 결국 소비자들에게 안경이라는 제품을 경험해보게 함으로써 자연스럽게 안경에 대한 구매를 유도한 것입니다.

와비파커 사이트에 가면 다음과 같은 메시지를 볼 수 있습니다.

Blue-light-filtering lenses for any pair >

Try 5 frames at home for free

다섯 개의 안경을 홈페이지에서 고르고 집에서 써볼 수 있도록 만든 것이죠. 게다가 배송비는 무료입니다. 저도 안경을 쓰지만, 안경을 고르는 일은 쉽지 않습니다. 안경 스타일도 다양하고 얼굴, 취향에 따라 원하는 안경도 또 다르기 때문이죠. 그래서 매장 쇼케이스를 보면 수백 개의 안경이 진열되어 있습니다. 게다가 매장 직원은 도대체 언제 안경을 살 건지, 혹은 이 사람이 언제까지 안경을 써보기만 할 것인지 등을 생각하며 우리를 주시하죠.

이럴 때 와비파커 같은 업체가 있다면 집에서 다양한 스타일의 옷에 맞춰 안경을 써보면서 자신의 스타일을 고민해볼 수 있지 않을까요? 시력이 나빠 안경을 쓰긴 하지만, 지금의 안경은 결국 패션이 되어버렸기 때문이죠.

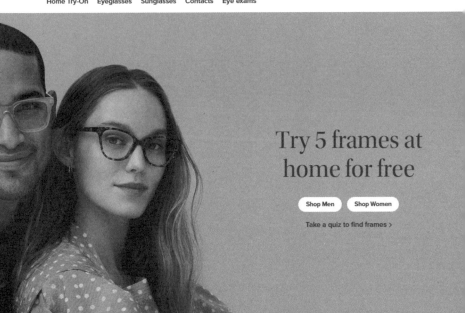

경험을 파는 것은 결국 사람들에게 제품과

서비스에 얽힌 다양한 맥락을 보여주는 것이나

다름없습니다. 명품 옷이나 가방 렌탈 또한

마찬가지입니다. 사람들이 가지고 있는 명품에 대한

이미지를 파는 것이죠. 사람들은 제품 그 자체보다

경험을 사는 것이라고 할 수 있겠습니다. 이처럼 맥락은

주변 상황뿐 아니라 사람들이 가지고 있는 경험과

지식을 포함합니다.

관찰은 이런 측면에서 종합예술이라는 생각이 듭니다.

하나의 사실만으로는 볼 수 있는 것이 한정되어

있습니다. 그리고 올바른 의미를 파악하기도 힘듭니다.

하지만 맥락을 본다면, 여러분은 다른 사람들이 보지

못하는 것을 볼 수 있습니다. 거기다 자신만의 경험과

지식이 더해진다면 독창적인 시각을 갖게 되지

않을까요?

일단은 여러분 주위를 먼저 돌아보면서 어떤 의미를

발견할 수 있는지 하나씩 하나씩 연습해본다면 와비파커

같은 혁신기업이 탄생할 수 있을지도 모릅니다.

관점 전환을 위한 생각 습관

1 길을 걸을 때는 가끔 주변을 둘러보세요.

2 둘러보며 의미 있는 변화들을 하나씩 하나씩 엮어보세요.

3 자신의 경험과 지식으로 그런 맥락들을 종합적으로 생각해보세요.

카페 사장은
무엇을 관찰해야 할까?

많은 사람들이 하고 싶은 것 중 하나가 카페 창업입니다. 수많은 카페들이 오늘도 문을 열고 있죠. 심지어 '커피 공화국'이라는 말까지 있습니다. 길가를 걷다 보면 카페가 100미터도 안 되는 구역 내에 여러 개가 있는 것들을 발견할 수 있습니다.

만약 여러분이 카페 사장이라면 다른 카페에서 무엇을 관찰할 건가요? 그런 관찰을 통해 여러분이 발견한 의미는 무엇인가요? 그리고 그것은 기존에 내가 가지고 있던 생각을 어떻게 바꾸었나요? 다음 기사와 함께 평소 자신의 모습도 생각해보며 어떤 것들을 관찰할 것인지 생각해봅시다.

추워도 아이스 음료를 마시는 소비자를 일컫는 '얼죽아(얼어 죽어도 아이스 음료)' 트렌드가 뚜렷해지고 있다. 카페에서 식사까지 해결하는 소비자들도 늘고 있다.

전국에 3,000여 개의 가맹점이 있는 이디야커피는 최근 5년간의 판매 데이터를 분석한 결과 이 같은 트렌드가 나타났다고 15일 밝혔다. 이디야커피 아이스 음료 판매량은 2015년 약 6,000만 잔에서 2019년 약 1억 400만 잔으로 72% 증가했다. (중략)

카페에서 식사까지 해결하는 문화도 확산되고 있다. 2019년 이디야커피의 베이커리 제품 판매량은 2015년에 비해 2배 이상 증가했다. 식사를 대신할 수 있는 빵과 고급 디저트 수요가 늘었고, 관련 제품 출시도 꾸준히 이어진 영향으로 보인다.[7]

생각해본 것들을 다음 표에 정리해보세요. 여러분이 관찰해야 할 것들을 통해 카페 방문 고객수를 늘리거나 매출을 증대할 수 있을지도 같이 생각해보면 좋을 것 같습니다.

구분	관찰해야 할 것들	관찰하는 이유
카페 밖		
카페 안		

PART2 공감

침대
느낌적인
느낌을
주다

■■■ "침대는 과학입니다."

'침대'를 생각하면 저는 이 카피가 가장

먼저 떠오릅니다. 하지만 MZ세대는

'침대'에서 다른 것을 떠올리는 것

같습니다.

최근 시몬스는 자사의 유튜브 채널을 통해 한 영상을 공개했습니다. 2분 남짓한 이 영상은 잔잔한 소리와 함께 캘리포니아Pool in California, 스피닝볼Spinning Ball, 젤로Jello, 에어펌프The Pump, 오렌지 나무Orange Drops, 볼 스윙Swinging, 크로케 볼Swoosh, 스프링클러Sprinkler 등 여덟 개의 디지털 아트로 구성되어 있습니다.

▲ 흔들리지 않는 편안함의 영상화(출처: 시몬스코리아 유튜브)

TV 광고로도 송출을 시작한 'Oddly Satisfying Video(묘하게 만족스러운 영상)'라는 제목의 영상은 한 달도 채 되지 않아 누적 1,000만 뷰를 돌파했습니다. 요즘 같이 빠르게 돌아가는 세상에서 잠시나마 심리적 안정감을 찾을 수 있게 해주는 침대 '없는' 광고로 시몬스라는 브랜드를 소비자들에게 각인시킨 것이지요.

■■■ 전통적으로 제품의 기능, 스펙을 중시해온
기업들은 지금까지 우리 제품이 얼마나 빠르고 얼마나
선명한지, 침대의 경우에는 얼마나 편안한지에 대해서만
강조해왔습니다. 에이스침대가 첨단의 첨단을 설명하기
위해 침대는 과학이라고 주장했던 것처럼요.
시몬스도 사실 '흔들리지 않는 편안함'이라는 멋진
카피를 가지고 있습니다. 하지만 시몬스는 조금 다른
선택을 내립니다. 대표적인 사례가 바로 옆 사람의

▲ 시몬스 광고 캠페인 중(출처: 시몬스코리아 유튜브)

연이은 하품에도 흔들리지 않는 사람을 보여주는
광고입니다. 시몬스는 침대 없이도 '흔들림 없는
편안함'을 시각화함으로써 새로운 세대와 공감대를
형성하는 데 성공했습니다.

기존의 관점에서 생각해보면 침대에서 숙면을 취하는
모습을 보여주는 것이 더 효과적인 광고일 것입니다.
하지만 차별성 없는 광고는 이제 공감을 불러일으키기
힘듭니다.

▬▬ 기업은 제품과 서비스를 판매하기 위해 고객들과
공감대를 형성합니다. 그런데 공감대는 '우리 제품이
이렇다'는 설명보다 지금 사람들의 고민을 어떻게 제품에
녹여냈는지 보여줌으로써 강화될 수 있습니다.
그런 면에서 'Oddly Satisfying Video' 영상은 포스트
코로나 시대의 소비자들과 제대로 공감대를 형성한 것
같습니다. '멍 때리기'가 트렌드로 자리 잡은 지금, 지친
심신을 달래기 위해 소비자들이 자발적으로 'Oddly
Satisfying Video' 영상을 반복시청하고 있으니까요.
시몬스는 공감대를 강화하기 위해 경기도 이천시에
시몬스 테라스라는 복합문화공간도 운영하고 있습니다.

공감하기 위해서는 결국 경험이 필요하기 때문입니다.

▰▰▰ 이제 사람들은 기능이나 스펙보다 소위 말하는 "느낌적인 느낌"에
집중합니다. 여러분은 어떤가요? 여전히 침대는 과학이라고 생각하나요?

▰▰▰ 공감을 위한 기업의 노력은 우리를 새로운 곳으로
이끄는 촉매가 됩니다. 단순히 자사의 제품이나 서비스를
판매하는 데에서 끝나는 것이 아니라 우리가 무언가를
할 때도 영향을 주지요. 그래서 기업은 사람들의 '취향'을
저격하는 다양한 서비스를 출시하고 있는 것인지도
모릅니다. '취향' 그 자체가 공감대를 형성하는 기반이
되기 때문입니다. 취향은 '나만을 위한', '나에게 적합한'
어떤 것이기에 그것이 유별나든 이상하든 주변의 평가는
중요하지 않습니다.

최근 들어 쏟아지고 있는 취향 특화 서비스는
특히 MZ세대가 핵심 타깃입니다. 취향관project-
chwihyang.com이라는 서비스를 한번 관찰해볼까요?
취향관은 스스로를 '자신만의 방식으로 기록하고

표현하는 사람들을 위한 회원제 사교 클럽'으로

정의합니다. 하나의 주제에 호스트가 있고, 그 호스트가

클럽을 주도합니다. '나를 닮은 집, 집을 닮은 나',

'끝과 시작: 세계 문학 읽는 밤', '다작茶作: 차를 마시며

써내려가는 글' 등과 같은 클럽이 취향관에서 제공하는

멋진 공간에서 멤버십 형태로 활발하게 운영되고

있습니다.

▲ **취향을 공유하는 공간**(출처: 취향관 홈페이지)

남이 주도하는 서비스가 만족스럽지 않다면 나

스스로 취향 서비스를 만들어볼 수도 있습니다.

남의집naamezip.com이 대표적입니다. 이곳에서는 내가

좋아하는 주제로 모임을 만들고 다른 사람을 초대할 수

있습니다.

이외에도 목금토식탁(요리), 버핏서울(그룹 운동),

▼ 남의집 홈페이지 소개글

넷플연가(넷플릭스 영화와 드라마), 담화관(영화 감상),
문토(다양한 관심사) 등 다양한 주제의 취향 서비스들이
존재합니다.

▬▬▬ 이런 서비스들은 나와 맞는 사람들과 무언가를
공유하고 함께 느끼고 즐기는 것을 목표로 합니다.
공감은 별게 아닙니다. 나만의 세상에서 한 걸음 나와
다른 사람의 세상을 조금 더 느껴보려는 노력만 있으면
가능합니다.

관점 전환을 위한 생각 습관

1 다른 관점에서 공감 포인트를 찾아보세요.

2 다른 사람의 고민을 들어보세요.

3 나와 다른 사람들과 취향을 공유해보세요.

09

셔츠

경험해보지

못하면

공감할 수 없다

사람 간의 관계에 있어 감정은 중요합니다. 감정을
공유할수록 관계는 깊어집니다. 그래서 사람들은 대화를
나누고 서로의 생각을 느끼며 그 사람에 대해 어느 정도
이해한다고 생각합니다.

하지만 누군가를 이해한다는 것은 경청만으로
되는 것은 아닌 것 같습니다. 내가 실연을
당했을 때, 소중한 사람을 잃었을 때,
경험해보지 않고 그 감정의 깊이를 이해하는

것은 쉬운 일이 아니기 때문입니다.

저는 그래서 누군가를 이해하는 가장 좋은 방법은 '경험'해보는 것이라고
생각합니다. 예를 들어, 나이가 들어 몸을 움직이는 것이 힘들고 집 안에서 어떤
일을 하는 것이 힘들다는 것을 나이 어린 사람들이 이해할 수 있을까요? 직접
경험해보지 않으면 (힘들다는 것을 알 수도 있지만) 얼마나 힘든지는 모르는
일이죠. 정도의 차이지만 그 정도가 사람과의 공감을 좌지우지할 수 있습니다.

요즘은 많은 사람들이 자신의 감정을 소중히
여깁니다. 당연한 일이지만 누군가의 감정을 섣불리
판단하고 말을 하는 사람이 있을 때는 이런 생각도 하게
됩니다. '너도 한번 당해봐야 알지.' 우스갯소리지만
'경험=공감'이라는 공식이 이때는 성립되는 것처럼
보입니다.

이런 경험의 힘을 잘 알고 있던 디자이너가 있었습니다.
유니버설 디자이너(유니버설 디자인universal design,
누구나 손쉽게 쓸 수 있는 제품 및 사용 환경을 만드는
디자인)로 유명한 패트리샤 무어입니다. 그녀는
몸이 불편한 노인을 위한 제품을 디자인하기 위해

직접 노인이 되었습니다. 스물여섯 살의 나이에 3년간
노인 분장을 하며 80대 노인의 삶을 경험한 거죠.
1970년대에 이런 생각을 했다니 정말 놀라울 따름입니다.
비즈니스에서 최신의 화두 중 하나인 '경험'을 그 당시에
고민했으니 말이죠.

◀ 할머니로 변장한 패트리샤 무어
(출처: https://www.dezeen.com)

그녀는 노안을 고려해 앞이 잘 보이지 않는 안경을
쓰고, 다리를 불편하게 만들기 위해 철제 보조기를
사용했습니다. 말이 잘 들리지 않게 귀에 솜도 넣었습니다.
그리고 지팡이를 사용해 거리를 다니며 진짜 노인의 삶을
경험했습니다. 그러다 보니 평소에는 10분이면 갈 거리가
1시간 이상 걸리기도 했다고 합니다. 이런 경험을 통해

그녀는 양손잡이용 가위, 저상 버스, 바퀴 달린 가방 등
누구나 편리하게 사용할 수 있는 제품을 디자인했습니다.

세상에는 수많은 사람들이 있고, 사람은 각기 다른
상황에 처해 있습니다. 그들의 삶을 경험하고 공감하지
않았더라면 그녀가 그러한 제품을 디자인할 수
있었을까요?

■■■ 쇼핑몰을 돌아다니다 보면 하루 종일 서 있는 매장 직원은 얼마나 힘들까라는
생각을 합니다. 게다가 사람을 상대해야 한다니 생각만 해도 기가 빨리네요. 그들이
얼마나 힘든지 사실 잘 모릅니다. 그런데 하루 종일 강의를 하다 보면 서 있는 것이
평소 생각했던 것보다 더 힘들다는 걸 알게 됩니다. 퇴근하고 나면 아무것도 못
하겠더라고요.

이처럼 경험은 누군가의 고충을 파악할 수 있게 하고, 그들의 관점에서 생각을 하게
합니다. 물론, 세상 모든 일을 경험할 수는 없습니다. 하지만 여러분이 누군가를
이해하고 생각을 전환해보고 싶다면 경험해보라고 말하고 싶습니다. 경험이 곧
우리의 생각 자산이 됩니다. 책을 읽고 직접 경험한 사람들의 이야기를 들어도
사실 그때뿐입니다. 읽거나 들을 당시에는 공감하지만 숨은 고충을 파악하기는
어렵습니다.

▰▰▰ 개인적으로 저는 편하게 입을 수 있는 옷을 좋아합니다. 그러다 보니

티셔츠를 자주 입는데, 미팅 같은 공식적인 자리에는 셔츠를 주로 입습니다.

이럴 때, 항상 옷 때문에 신경이 쓰입니다. 왜 그럴까요? 아마 편안한 것을 즐기는

사람이라면 알 겁니다. 셔츠가 자꾸 옷 밖으로 빠져나오기 때문입니다. 움직임이

있다 보니 바지 안으로 들어간 셔츠가 자꾸 말려 올라가 밖으로 나오는 것이죠.

그렇다고 셔츠를 빼 입으면 아내는 예쁘지 않으니 바지 안으로 집어넣으라고

말합니다. 일을 할 때도 항상 셔츠가 밀려 나와 매번 옷을 정리해야 하죠.

만약 여러분이 이런 고충을 경험했다면 하나의 사업 아이템을 잡을 수 있는 기회를

찾은 것입니다. 어떤 기회일까요? 바로 의류사업입니다.

2015년 첫 매장을 열었고, 현재 70여 개의 매장을 보유하고 있는

언턱잇UNTUCKit라는 업체가 있습니다. 기업가치가 무려 2억 달러(2018년 기준)에

달하죠. 'untuck'은 '주름을 펴다'라는 의미입니다. 무슨 일을 하는 회사인지 짐작이

가나요? 2010년 크리스 리코보노Chris Riccobono가 창업한 언턱잇은 2011년 애런

샌안드레스Aaron Sanandres를 영입해 본격적으로 사업 아이디어를 실행했습니다.

도대체 무슨 옷을 만들기에 언턱잇은 이렇게 빠른 성장을 했을까요? 언턱잇

홈페이지에는 자신들의 셔츠가 일반 셔츠와 어떻게 다른지 보여주고 있습니다.

사진 속 모델의 좌측은 언턱잇 셔츠이고 우측은 일반 셔츠입니다. 언턱잇의 차별

요소는 바로 '기장'입니다. 기장의 길이가 일반 셔츠에 비해 짧죠. 셔츠를 넣지

않아도 스타일에 문제가 없게 만든 것입니다. 기장의 라인 또한 다른 모습입니다.

OUR SHIRTS

THE UNTUCKIT DIFFERENCE

hard to spot the perfect fit—until you see it for
ourself. Drag the slider to the right to see the
difference a perfect-fitting shirt can make.

1. Perfect untucked length

2. Fits for every shape and size

3. Contoured hemline

4. Reinforced collars

5. Signature sail

Slide to see the difference

언턱잇은 이렇게 남성들에게 가장 잘 어울릴만한 길이를 찾기 위해 소비자 조사를 1년이나 했다고 합니다.[8] 특히 20대 초반~40대 중반 수천 명의 여성들을 대상으로 호감도 조사도 했으니 얼마나 스타일에 신경을 썼는지 알 수 있습니다. 사실 셔츠를 빼거나 넣어 입는 것을 결정하는 것은 여성들이기 때문입니다. 제 아내(어렸을 때는 엄마)가 그랬던 것처럼 말이죠. 그 결과 벨트와 지퍼 최하단의 중간 지점에

기장을 맞추고 바지 주머니 일부가 보이게

했습니다.

언턱잇에서는 자신만의 셔츠를 맞출 수도

있습니다. 원단, 트림 컬러, 세일sail 컬러, 칼라

스타일, 체형에 맞는 소매 길이, 주머니 여부

등을 선택해서 셔츠를 디자인할 수 있습니다.

결국 언턱잇은 셔츠를 입었을 때 예쁘게 보여야

한다는 점과 편안해야 한다는 점을 모두

잡았습니다. 수많은 시행착오를 통해서 말이죠.

그만큼 경험의 힘은 대단한 것 같습니다.

▬▬▬ 머릿속으로만 알고 있는 것을 끄집어내는 가장 좋은 방법은 결국 경험입니다.

생각을 표현하기 위해 종이에 스케치를 할 수도 있지만 그보다 한 발 더 나아가고

싶다면 경험을 해보세요. 비즈니스에서도 경험이 중요합니다.

"그릴 수 없다면 이해할 수 없다."

아인슈타인은 이렇게 말했습니다. 경험해보지 않는다면 제대로 공감할 수

없습니다. 무언가를 공부할 때 항상 현장을 중시하는 것도 그런 이유에서입니다.

현장을 모르면 그 비즈니스를 제대로 이해할 수 없기 때문이죠. 일상에서도

마찬가지입니다. 전셋집을 구하거나 매매를 할 때 인터넷에서 찾은 평면도만 보고

그 집을 계약하지 않는 것처럼요.

관점 전환을 위한 생각 습관

1 이해한다 하지 말고 직접 경험해보세요.

2 경험해보며 고충을 파악해보세요.

3 고충을 통해 자신이 가지고 있던 관점을 바꿔보세요.

그릴 수 없다면

이해할 수

없다.

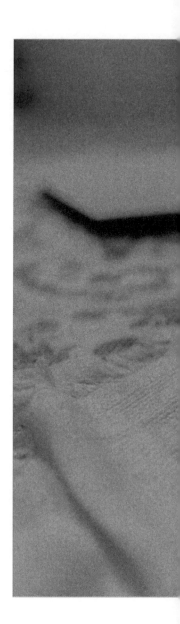

10

시계
공감은
관점의 전환이다

■■■ 주말에 일을 하다 집중이 되지 않을 때, 저는 카페에 갑니다. 동네 카페에 가서

보통 2시간 정도 집중해서 일을 합니다. 요즘은 저처럼 자유롭게 일하는 사람뿐만

아니라 학생들도 카페에서 공부를 하죠. 사람들은 이외에도 다양한 목적을 가지고

카페에 갑니다.

사람들이 어떤 장소에 가거나 제품이나 서비스를 이용할 때, 하나의 목적만 있는 것이 아닙니다. 하나의 제품이나 서비스가 다양한 용도로 사용될 수 있는 것처럼 우리에게는 다양한 목적이 있습니다.

▬▬▬ 여러분이 많은 카페 중 스타벅스에 간다면 어떤 목적으로 가나요? 먼저, 저처럼 일을 하기 위해 가는 사람이 있을 것입니다. 저는 커피를 많이 마시지는 않기 때문에 굳이 스타벅스에 가지 않아도 됩니다. 그럼에도 불구하고 제가 스타벅스에 가는 이유는, 사람에 따라 다르지만, 스타벅스의 매장 환경이 집중하기 편해서입니다. 또 노트북을 이용하는 사람들을 위한 장소(요즘은 카페에서 콘센트를 제거하는 경우가 많습니다. 물론 이를 역이용해 도서관처럼 꾸며놓은 카페도 있죠)도 따로 있기 때문이기도 하죠.

이런 목적 외에 또 뭐가 있을까요? 어떤 사람들은 지인들과 수다를 떨기 위해 스타벅스를 찾기도 합니다. 그런 사람들에게 스타벅스는 일을 하는 공간이 아닌 자유롭게 커뮤니케이션을 할 수 있는 공간이 됩니다. 또 다른 사람들은 스타벅스에서 책을 읽기도 하죠. 카페도 시끄러울 수 있지만 집에서 책을 읽기 어려운 환경일 수도 있기 때문이죠. 육아에 지친 육아맘들은 커피 한 잔으로 잠시

여유를 즐기기 위해 스타벅스에 가기도 합니다. 제 아내도 애들을 제게 맡기고 한두 시간 정도 혼자 스타벅스에 갔다 오기도 합니다.

이처럼 많은 사람들이 오는 동일한 공간이 사실은 다양한 욕구들이 모이는 공간이 됩니다.

▆▆▆ 심리학에서는 매슬로의 욕구 이론을 통해 이를 설명합니다. 미국의 심리학자인 매슬로는 사람의 욕구를 5단계로 제시했습니다. 그에 따르면 욕구는 피라미드처럼 위계가 있다고 합니다. 가장 하위에는 생리적 욕구가 있고 상위에는 자아실현의 욕구가 있습니다. 그 중간에는 안전, 소속감과 애정, 존경의 욕구가 순서대로 있죠.

자아실현의 욕구
존경의 욕구
사회적 욕구
안전의 욕구
생리적 욕구

▲ 매슬로의 욕구 5단계

여러분들은 한 번 정도는 이 욕구 5단계 이론을 들어봤을 겁니다. 이런 욕구 이론에 기반하면 사람들이 스타벅스에 가는 이유도 나눠볼 수 있습니다.

단순히 맛있는 음료를 마신다면 생리적 욕구를 충족하기 위한 것이고, 스타벅스라는 프리미엄 브랜드의 음료를 마시며 나 스스로를 위로한다면 자신을 존중하기 위한 욕구를 실현하기 위해 가는 것일 수 있습니다.

스타벅스가 지친 일상에서 나에게 주는 작은 선물일 수 있는 것이죠.

어쩌면 맛집을 찾아가는 것도 같은 이유일지 모릅니다. 사람들이 맛집을 찾아가는 이유가 단순히 맛있는 음식을 먹기 위한 것일까요? 그것은 표면적 이유고, 숨은 욕구는 아마 '이렇게 내가 열심히 했는데, 먹는 것만은 제대로 먹어보자'라는 생각 때문일지 모릅니다. 저 또한 그렇습니다. 삼시세끼를 꼬박 챙겨 먹지는 않지만 외식을 할 때는 집에서 멀더라도 가능한 한 맛집을 찾아서 먹고 옵니다.

▬▬▬ 우리는 얼마나 사람들을 이해하고 있을까요? 관점 전환은 공감을 통해 이루어집니다. 예를 들어, 여러분들은 시각장애인에게 시계가 필요하다고 생각하나요? 시계가 필요하다면 어떤 시계가 필요하다고 생각하나요?

드러난 사실로만 보면 시각장애인에게 시계는 불필요한 존재일지 모릅니다. 하지만 시각장애인들 또한 다른 사람들처럼 멋진 시계를 원합니다. 시각장애인의 이러한 욕구를 반영해 시각장애인을 위한 패션 시계가 출시되었습니다. 바로 이원EONE의 브래들리 타임피스Bradly Timepiece입니다.

MIT 대학원생이었던 김형수 대표는
시각장애인들이 기존에 차고 있던 음성으로
시간을 알려주는 시계 혹은 시침과 분침을
만져야 시간을 알 수 있는 시계를 벗어나 그들을
위한 제대로 된 시계를 만들어주고 싶었습니다.
시각장애인들은 자신들이 시각장애인이라는
것을 시간을 확인하면서 알려주고 싶지
않습니다. 김형수 대표는 대학원 수업 때 음성이
아닌 촉각을 통해 시간을 알 수 있는 그리고
시각장애인이 아닌 사람도 사용할 수 있는 멋진 디자인의 시계를 생각했습니다.

▲ 브래들리 타임피스

▬▬ 그 또한 처음에는 시각장애인에 대한 편견 때문에 점자로 구성된 시계를
만들었습니다. 하지만 시제품 테스트 결과, 시각장애인들 중 점자를 읽을 수 있는
사람은 많지 않았습니다. 또한 편견에 갇혀 시계의 디자인, 스타일 등과 같은
사항을 고려하지 못했습니다. 사실 누구라도 그랬을 것입니다. 그래서 그는 기능
중심의 문제 해결에서 벗어나 사람 중심의 문제 해결로 접근했죠.

'사람은 누구나 멋진 것을 원하고,
시각장애인도 마찬가지다!'

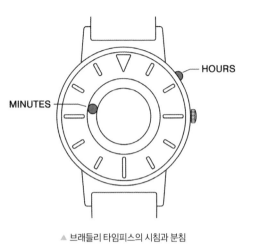

HOURS

MINUTES

▲ 브래들리 타임피스의 시침과 분침

그 결과, 앞서 보았던 브래들리 타임피스라는 시계가 탄생했고, 촉감으로 시간을 확인할 수 있는 멋진 디자인의 시계가 세상에 나왔습니다.

브래들리 타임피스는 두 개의 볼 베어링이 시침과 분침 역할을 합니다. 정면의 볼 베어링은 '분', 측면의 볼 베어링은 '시'를 알려주죠.

시각장애인용 점자 시계가 아닌 장애인과 비장애인 누구나 쓸 수 있는 예쁜 촉각 시계는 그래서 우리가 흔히 이야기하는 와치watch가 아닌 타임피스가 된 것이죠.

이원의 김형수 대표는 고객과의 공감을 통해 관점을 전환해 브래들리 타임피스라는 혁신적인 제품을 세상에 내놓았습니다. 거기에 2011년 아프가니스탄 전쟁에서 시력을 잃은 브래들리 스나이더라는 군인의 이름을 땄다는 스토리(그는 시력을 잃고도 런던 장애인올림픽 수영 종목에서 금메달을 따기도 했습니다)가 더해지면서 사람들에게 공감의 가치를 더욱 높여주었습니다.

이 시계는 초기에는 벤처투자자로부터 투자를 받기 어려워 킥스타터라는 미국의 크라우드펀딩 사이트를 통해 자금을 조달했습니다. 브래들리 타임피스의 스토리는 3,861명의 사람들의 마음을 사로잡았고, 목표했던 4만 달러의 1,500% 초과

금액인 약 60만 달러의 펀딩에 성공했습니다. 이 시계에 담긴 공감의 힘이라는 것이 얼마나 대단한지 바로 느껴지지 않나요?

▬▬▬ 김형수 대표의 인터뷰 내용은 공감의 중요성을 잘 보여주는 것 같습니다.

"좋은 디자인은 편리한 사용을 위한 기능적 요소를 갖춰야 하죠. 요즘에는 미학적으로 아주 특별해 특정 계층만 소비할 수 있는 디자인을 '멋지다'고 생각하는 것 같습니다. 하지만 이원이 생각하는 '더' 좋은 디자인은 보다 많은 사람들이 함께 공감하고 경험을 나눌 수 있어야 한다는 것입니다. 장애인용 제품의 디자인은 사람들이 가지고 있는 장애에 대한 편견을 버리는 것에서부터 시작해야 합니다."[9]

브래들리 타임피스의 탄생 히스토리처럼, 기능적인 측면에서의 문제 해결이 아닌 공감할 수 있는 문제 해결이 필요합니다. 여러분이 정말 생각을 전환하고 싶다면 이해하려고만 하지 말고 공감할 수 있어야

합니다. 경험을 해보지 않더라도 공감 그 자체만으로도
여러분들은 관점을 전환할 수 있습니다.

■■■ 관점 전환이란 결국 '나'에서 '상대방'으로 시선을
이동하는 것이고, 이 작은 이동만으로 제품과 서비스에
대한 기존 사고를 벗어날 수 있습니다. 사실 많은
사람들이 놓치고 있는 것 중 하나이기도 하죠. 관점
전환을 위해 무조건 새로운 지식을 쌓으려고 하는데, 그
전에 대상에 대한 공감이 있어야 합니다.

관점 전환을 위한 생각 습관

1 일단 편견을 버리려고 노력해보세요.

2 하얀 도화지 위에 다시 대상을 생각해보고 그려보세요.

3 새로운 시각으로 대상을 다시 바라보세요.

11

눈송이

한 발 더

다가선다

▬▬ 요즘 예능 프로그램들은 대부분 리얼

버라이어티입니다. 각본도 물론 있겠지만, 즉흥적인

모습들도 많이 나옵니다. 연예인들의 일상을 보여주는

프로그램도 많아졌습니다. <동상이몽>, <아내의 맛>,

<미운 우리 새끼> 등을 보면서 전에는 볼 수 없었던

연예인들의 모습에 공감하기도 합니다.

저 또한 마찬가지입니다. 집 안 곳곳에 설치된 카메라를

통해 중계되는 그들의 일상에 새로운 매력을 느낍니다.

연예인이 아닌 자연인으로서의 그들을 보며 편견이

깨지기도 하죠. 이런 프로그램들을 보면 공감이란 결국

한 걸음 더 가까이 갈 때 생기는 것 같습니다.

■■■ 여러분이 누군가에게 공감을 얻고 싶다면, 먼저 다가서야 합니다. 무언가를

얻고 싶다면 어떻게 해야 할까요? 다가가봐야 하지 않을까요? 이해인 수녀의

《작은 위로》라는 시집에 수록된 '행복에게'라는 시는 이 '다가섬'에 대해

말해줍니다.[10]

어디엘 가면

그대를 만날까요

누구를 만나면

그대를 보여줄까요

내내 궁리하다

제가 찾기로 했습니다.

(…)

내가 발견해야만

빛나는 옷 차려입고

사뿐 날아올

나의 그대

내가 길들여야만

낯설지 않은 보석이 될

나의 그대를

사람들은 행복을 이야기할 때 행복을 원한다고 하지만 직접 행복을 찾아보려는

생각은 하지 않습니다. 말만으로는 행복은 결코 오지 않습니다.

이처럼 누군가와 공감을 한다는 것에는 내가 한 발 더 다가가는 용기가 필요합니다.

그렇게 해야 '행복에게'라는 시처럼 행복이 빛나는 옷을 입을 수 있고 보석이 될

수 있습니다. 행복이 나에게 의미 있게 되는 것처럼, 공감 또한 여러분에게 새로운

시각을 줄 수 있습니다.

▬▬ 다가간다는 것이 어떤 새로운 시각을 줄 수 있는지 한번 볼까요? 다음 사진은

미켈란젤로의 다비드상입니다. 다비드상은 실제 크기가 5.17미터에 달합니다.

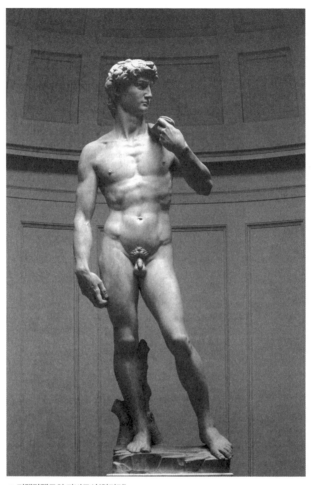

▲ 미켈란젤로의 다비드상(원거리)
(출처: https://mymodernmet.com/michelangelo-david-facts/)

지금 여러분이 사진으로 보는 다비드상은 어떤 분위기가 느껴지나요? 조금

무표정한가요? 아님 입술 끝이 조금 올라가 약간 온화해 보이나요?

이 사진은 어떤 느낌이 드나요? 방금 본 사진보다는 조금 무섭게 느껴지지 않나요?

다비드상은 너무 크기 때문에 사실 사람들은 원거리에서밖에 볼 수 없습니다.

그러다 보니 사람들이 느끼는 다비드상과 실제 다비드상은 다를 수밖에 없죠.

이렇게 사진으로 가까이 본 다비드상은 누군가에게 원한이 있는 듯한 느낌입니다.

사람들이 누군가에게 화를 낼 때 "눈을 부릅뜬다"고 하는데, 다비드상의 모습이 딱

그렇습니다. 이런 다비드상의 모습을 보면 찰리 채플린의 말이 생각납니다.

"인생은 가까이서 보면 비극이지만 멀리서 보면
희극이다."

다비드상은 사실 골리앗을 때려눕힌 다비드(다윗)를 표현한 작품으로, 피렌체의
독립과 자유를 상징한다고 합니다. 그래서인지 다비드상은 결의에 찬 전사의
모습을 보여줍니다.

만약 여러분이 피렌체 아카데미에 있는 다비드상을 보고 '정말 크다', '멋있다'
정도의 감정만 느꼈다면 미켈란젤로의 생각을 제대로 읽은 것일까요? 역사적
지식이 있었다 하더라도, 그 당시 미켈란젤로의 마음을 이해할 수 있었을까요?
그렇지 않을 것입니다. 사람들이 책을 읽고 여행을 가는 이유는 책에서 느끼지
못했던 혹은 글로만 이해했던 것들을 제대로 경험하고 싶어서입니다.

▬▬▬ 다비드상의 비밀(?)은 이것만이 아닙니다.
다비드상은 가까이서 보면 사시입니다. 다비드가
진짜 사시였을까요? 그렇지 않겠죠. 스탠퍼드대학
컴퓨터과학자인 마크 레보이Marc Levoy는 다비드상을
3차원 스캔 분석을 했는데, 다비드상의 미묘한 시선은
미켈란젤로가 관람객의 시선을 고려해서 의도적으로
그렇게 한 것이라고 말합니다.[11] 그래서 다비드상은
측면에서 올려다보면 사시처럼 보이지 않습니다.

이뿐인가요? 머리, 성기 등의 비율은 전체적으로 맞지 않습니다. 이 또한 아래에서 위로 올려다볼 것을 고려한 것이라고 합니다.[12] 이런 것을 보면 미켈란젤로가 상대방을 얼마나 배려했는지 알 수 있습니다. 관점의 전환이라는 것은 알고 보면 공감과 배려의 힘으로부터 나오는 것인지도 모르겠습니다.

■■■ 사실 대부분의 것들이 거리에 따라 다르게 보입니다. 여러분은 하늘에서 내리는 눈이 어떤 모양이라고 생각하나요? 멀리서 보면 하나의 점처럼 보입니다. 손에 놓고 보면 가시가 난 것 같기도 하죠. 더 자세히 보면 어떤 모습인가요? 과학책에서 볼 수 있는 육각형 모양의 눈 결정체가 나옵니다. 한 발 더 다가갈수록 다른 모습을 볼 수가 있죠.

어쩌면 이는 사람 간의 관계와 비슷한 것 같습니다. 가까이 가면 갈수록 원래 알고 있던 모습보다 더 나은 모습을 보여주는 사람이 있고 그렇지 않은 사람도 있으니 말이죠.

가까이에서 보면 우리는 그 사람의 본 모습을 알 수 있습니다.

관점의 전환도 마찬가지죠. 대상의 본질을 알기 위해 우리는 대상에 가까이 접근해야 하고, 이를 통해 다른 관점으로 생각해볼 수가 있습니다.

■■■■■ 또 다른 사례를 생각해볼까요? '절벽'과 '낭떠러지.' 이 두 단어의 차이는 뭘까요? 같은 개념일까요? 위키백과는 절벽을 이렇게 정의하고 있습니다.

"흙이나 암석으로 구성된 경사가 매우 급한 지형을 말하며, 지질학적으로는 지표에 수직면이거나 수직면에 아주 가까운 암석 표면을 이른다. 낭떠러지, 벼랑이라고도 한다."

결국, 절벽과 낭떠러지는 똑같습니다. 그런데 우리가 두 단어를 사용할 때 미묘한 차이가 있습니다.

그렇다면 절벽과 낭떠러지는 도대체 어떤 차이가 있을까요? 예를 한번 들어볼게요. 영화에서 주인공이 숲속에서 악당에게 쫓긴다면, 매번 '낭떠러지'를 맞닥트리죠. 그럼 이번에는 절벽에 대해 생각해볼까요? 제주도를 여행하다 보면 주상절리를 볼 수 있습니다. 이런 주상절리를 우리는 '절벽'이라고 말합니다. 이런 주상절리 위에 멋진 집이 있다면 아마 "가파른 절벽 위의 집이 멋있다"라고 말하지 "낭떠러지 위의 집이 멋있다"라고 말하지는 않을 겁니다.

절벽과 낭떠러지에 어떤 차이가 있는지 느껴지나요? 절벽은 아래에서 위로 볼 때, 낭떠러지는 위에서 아래를 볼 때 씁니다.[13] 결국 어떤 관점에서 보느냐에 따라 다른 것이죠. 어쩌면 이것도 다비드상처럼 가깝게 있을 때는 낭떠러지, 멀리 있을 때는 절벽의 느낌이 더 강한 것 같습니다.

"관점이 대상을 만들어낸다."

스위스 언어학자 소쉬르의 말입니다. 관점이 결국 대상을 다양한
형태로 바라보게 만든다는 것이죠.[14] 그래서 사람들은 누군가를
이해하기 위해 심층 인터뷰란 것을 진행합니다. 결국 그 사람에게
조금 더 가까이 가기 위한 노력이라고 볼 수 있습니다. 회사에서도
마찬가지예요. 새로운 사업 아이템을 구상할 때 우리는 관련 고객들을
대상으로 심층 인터뷰를 하며 그들을 이해하려 하고 고객의 관점에서
사업 아이템이 적합한지를 따져봅니다.

공감이란 별게 아닙니다. 한 걸음 더 가까이 가서 사람이든 대상이든
이해하려는 노력입니다. 결과가 아닌 과정 속에서 우리는 공감을 할 수
있고, 새로운 시각을 발견할 수 있습니다.

관점 전환을 위한 생각 습관

1   원하는 대상에게 가능한 한 가까이 가보세요.

2   보지 못했던 혹은 봤으나 새롭게 보여지는 것을 찾아보세요.

3   그리고 그냥 느껴보세요.

12

무전기
때로는
한 걸음   물러선다

▬▬▬ 공감과 본질의 발견을 위해서는 조금 더 가까이 가보면 된다고 했습니다.

그런데 가까이만 가면, 공감과 본질을 언제든 찾을 수 있을까요? 그렇지 않습니다.

때로는 한 발짝 떨어져 상황을 객관적으로 봐야 문제의 본질을 찾을 수 있습니다.

▬▬▬ 다음 사진을 볼까요? 이 사람은 무엇을 하고 있는

걸까요? 누가 봐도, 어떻게 봐도 유리창을 깨고 있는

모습입니다. 자세히 들여다봐도 깨진 유리창만 보입니다.

그렇다면 이 깨진 유리창을 어떻게 봐야 할까요? 유리창에서 멀어지면

멀어질수록 여러분은 새로운 것을 볼 수 있습니다. 실제 이 깨진 유리창의

모습을 조금 멀리서 보면, 다음 사진처럼 한 여성의 얼굴을 볼 수

있습니다.

어떤가요? 깨진 유리창은 누구에게나 그냥 깨진 유리창으로 보이겠지만,

그 대상을 멀리서 보면 다른 모습을 찾을 수 있습니다. 깨진 유리창을

멀어질수록 새로운 것을 볼 수 있다.
(출처: https://www.simonberger.art/)

가까이서 들여다본다면 여성의 얼굴을 찾을 수 없습니다. 온갖 상상력을
동원한다 해도 쉽지 않습니다.

사진 속 여성의 얼굴은 하나의 작품입니다. 사이먼 버거Simon Berger라는
예술가가 만든 작품이지요.[15] 그의 작품은 목수로 활동한 경험이 바탕이
되었고, 나무 외에 다른 독특한 재료를 찾다가 유리를 찾았다고 합니다.

그는 작품을 만들 때 모델 사진을 보며 유리에 스케치를 한다고 합니다. 그 후 망치로 깨뜨려야 할 부분과 그렇지 않은 부분을 체크합니다.

▬▬ 사람들은 일을 할 때 큰 그림을 그리라고 합니다. 우리가 어떤 일에 너무 몰입되다 보면 큰 그림을 놓치는 경우가 있습니다. 큰 그림 없이 회의를 하다 회의가 중구난방이 되어 왜 회의를 했는지도 잊게 될 때도 많습니다. 유리로 만든 초상화도 마찬가지라고 생각됩니다. 작은 부분에만 집중한다면, 저런 독특하고 멋진 작품이 나올 수 있을까요?

저 또한 일이 풀리지 않을 때는 한 걸음 떨어져서 생각해봅니다. 그 일에 너무 몰입하게 되면 계속 동일한 프레임에서 생각하기 때문입니다. 그래서 현재 진행하고 있는 일과 전혀 관련 없는 책을 보거나 밖에 나가서 다른 일을 하지요. 혹은 그냥 아무 생각 없이 TV를 보기도 합니다. TV를 보다가 TV 속 어떤 힌트가 제 문제를 해결하는 데 도움을 주기 때문입니다.

▬▬ 한 걸음 떨어지는 연습은 사회적 압력으로 인한 동조현상에서 벗어날 때도 필요합니다. 사실 많은 사람들이 관점을 전환하지 못하는 이유 중의 하나는 자신만의 시각이 사실은 '다른' 것인데, '틀리지' 않았을까 걱정하기 때문입니다.

그 대표적인 심리학 실험 중의 하나가 솔로몬 애쉬Solomon Asch가 진행한
실험입니다.[16] 애쉬는 실험 참가자들에게 왼쪽의 선과 길이가 같은 선을 오른쪽
그림에서 찾아보라고 했습니다. 여러분은 몇 번째 선이 왼쪽 선과 길이가
동일하다고 생각하나요? 거의 99.9%의 확률로 대부분의 사람들이 2번이라고
말할 것입니다. 그러면 실험 결과는 어떻게 나왔을까요?

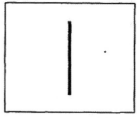 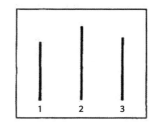

▲ 길이가 같은 선은 무엇일까?

이 실험은 다수의 피실험자로 구성된 집단이 참가했는데, 그중 한 명만 진짜
참가자였습니다. 가짜 참가자들이 틀린 대답을 하면 진짜 참가자 중 36.8%가
그에 동조해 틀린 대답을 내놓았습니다. 이해가 되나요? 나는 그럴 것 같지 않다고
생각하나요?

이 실험을 조금 더 살펴보면, 집단의 크기가 크면 클수록 잘못된 판단을 할 경우가
많았습니다. 가짜 참가자의 수가 세 명이 되는 순간, 잘못된 판단을 할 확률은
31.8%까지 치솟았습니다. 그 후 집단의 크기에 따라 30% 수준을 유지했지요. 이
실험 결과를 보면 집단의 압력이 얼마나 큰 영향력을 발휘하는지 알 수 있습니다.

███ 영화 <그래비티>에서는 숨 막히게 완벽한 '구'의 모습을 한 지구를 보여줍니다. 그런데, 지금 내가 살고 있는 공간에서 우리는 동그란 지구의 모습을 떠올릴 수 있을까요?
관점의 전환을 위해서 때로는 멀리 떨어져볼 필요가 있습니다.

멀리 떨어져서 보지 못한다면, 중세의 평범한 사람들이 그랬던 것처럼 지구가 둥글다는 것을 상상조차 하지 못할 것입니다. 한없이 지구와 멀어진 뒤에야 동그란 지구를 두 눈으로 확인할 수 있었지요.

자세히 들여다봐도 예쁩니다. 하지만 멀리서 보면

전혀 예상하지 못했던 또 다른 멋진 모습을 발견할 수

있습니다. 줌인Zoom-In도 좋지만, 때로는 줌아웃Zoom-

Out을 해보는 것은 어떨까요?

한때 제가 즐겨봤던 드라마 중에

<시그널>이란 드라마가 있습니다. 이

드라마는 무전기를 통해 현재와 과거가 연결되며

미제사건을 파헤치는 이야기입니다. 현재의

프로파일러가 과거에는 발견하지 못했던 미제사건에

대한 증거를 하나씩 수집해 과거의 형사가 미제사건을

해결해나가죠.

이 드라마에서 차수현 형사(김혜수 분)가 프로파일러 박해영

경위(이재훈 분)에게 이런 말을 합니다.

"박해영. 너 이 팀에서 뭐 하는 놈이야? 되려다 만 프로파일러긴 하지만

그래도 프로파일러잖아. 너는 내가 서울 한복판에서 증거 보고 증인이랑

씨름할 때 아폴로 11호 암스트롱처럼 달 위에서 나를 봐야 돼. 증거도,

증인도, 사건도 멀리 하나의 점처럼. 절대 감정 섞지 말고 봐야 한다고, 이렇게

감정적으로 나올 게 아니라."

이 대화에서 핵심은 '달 위에서', '하나의 점처럼'입니다. 사람들은 몰입을 하다 보면 모든 것을 자신이 그 대상에 가지고 있던 시각으로 보려고 합니다. 어쩌면 사람의 본능일지 모릅니다. 그렇지만 이렇게 되면 새로운 관점을 찾기가 어렵습니다.

▄▄▄ 결국 우리는 아웃워드 마인드셋Outward Mindset을 가지는 것이 필요합니다. 마인드셋은 크게 두 가지로 구분할 수 있습니다.[17] 인워드 마인드셋Inward Mindset과 지금 말한 아웃워드 마인드셋입니다. 인워드 마인드셋은 자신에게만 집중하는 것으로, 타인을 '대상'으로 바라봅니다. 그러다 보니 사람을 하나의 '수단'으로 생각하게 됩니다. 그 사람이 무엇을 원하고 어떤 어려움에 처해 있는지는 관심 사항이 아닙니다.

아웃워드 마인드셋은 타인을 '사람'으로 바라보며, 그 사람이 정말 원하는 것이 무엇인지에 관심을 갖습니다. 한 걸음 멀리 떨어진다는 것은 여러분이 바라보는 시각을 내부에서 외부로 돌려보라는 것입니다. 이를 통해 스스로 성찰해보면서 내가 가지고 있던 기존의 관점이 지금 시점에서는 어떻게 바뀔 수 있을지, 혹은 지금 상황에서는 어떤 관점으로 바라보는 것이 필요한지 생각해보는 것입니다.

━━━ 주변으로 잠시 눈을 돌려보는 것이 때로는 몰입보다 더 효과적일 수 있습니다. 한 걸음 더 멀리 가는 것은 '쉼'과도 연결됩니다. 많은 사람들이 '쉼'을 게으르고 나태한 것으로 생각하지만, 사실 모든 사람에게는 흔히 이야기하는 '커피 한 잔의 여유'가 필요합니다.

피에르 상소라는 프랑스 철학자는 《느리게 산다는 것의 의미》라는 연작 에세이를 통해 행복을 느낄 수 있는 삶의 방식을 이야기하면서 느림을 강조합니다. 목적도 없이 발맞추기에 급급한 우리들의 삶이 근본적으로 문제가 있다며 느림의 가치에 대해 이렇게 이야기합니다.

"느림은 그 자체로서 가치를 갖지는 않는다. 다만 우리로 하여금 불필요한 계획에 이리저리 정신을 빼앗기지 않고 명예롭게 살 수 있도록 만들어줄 것이다. 문제는 우리의 과제를 완성하는 데 필요한 시간이 아니다. 우리가 계획한 과제의 종착역에 다소 빨리 도착하고 안 하고는 그리 중요하지가 않다."[18]

만약 여러분이 누군가의 고민을 상담한다고 생각해볼까요. 이럴 때, 그 사람의 고민을 들어주고 공감해주는 것이 필요합니다. 하지만 너무 몰입하면 어떻게 될까요? 그 사람의 고민을 객관적으로 살펴보고 올바른 방향을 이야기해줄 수 있을까요?

누군가는 빠르게 무언가를 하는 것이 중요하다고 합니다. 하지만 '속도'보다 더 중요한 것은, 이미 알고 있듯이, '방향'입니다. 누군가를 이해하기 위해서는 빠른 해결이 아니라 한 걸음 떨어져서 전체를 보는 것이 필요한 것이지요. 객관적으로 그 사람이 가지고 있는 고민을 다양한 관점에서 살펴봐야 합니다. 그 방향은 한 걸음 멀리 떨어져서 봤을 때 찾을 수 있습니다. 그것이 새로운 관점을 얻을 수 있는 방법입니다.

관점 전환을 위한 생각 습관

1 한 걸음 떨어져 전체를 보려고 노력해보세요.

2 큰 틀이 정해졌으면 이제 서서히 다가가보세요.

3 가까이서 보던 것을 다른 관점으로 접근해보세요.

13

스마트폰

일상을

들여다본다

가끔 스마트폰을 보다 보면 너무 많은 앱들이 있다는 생각이 듭니다. 어쩔 때는 너무 많은 앱들 때문에 내가 설치한 앱이 어디에 있는지 찾기 힘듭니다. 통신사나 제조사에서 자체 개발한 앱을 스마트폰에 미리 설치해둬서 스마트폰을 교체할 때 보면 한 번도 이용하지 않은 앱들이 많습니다.

앱을 홍보하기 위한 기업의 의도를 모르지는 않지만, 스마트폰을 이용하는 사람에게 이런 앱들은 효용성이 없습니다. 사람들은 자신이 선호하는 앱을 위주로 사용하기 때문입니다. 이런 상황에서 스마트폰 사용자에게 진짜 필요한 서비스는 무엇일까요? 만약 통신사나 제조사에서 사람들의 앱 이용 행태를 보고 불필요한 앱을 제거하거나 특정 폴더에 잘 분류해놓는다면 좋지 않을까요? 공급자 관점에서만 앱을 설치해놓는 것보다 더 좋지 않을까요?

■■■■ 기존에 가지고 있던 문제를 해결하거나 새로운 서비스를 만들고 싶다면 사람들의 '일상'을 살펴봐야 합니다. 이렇게 사람 중심으로 사고하는 경영 방법을 '디자인씽킹'이라고 말합니다. 디자인씽킹은 '공감하기', '문제 정의', '아이디어', '프로토타입', '테스트' 5단계로 구성되어 있습니다.

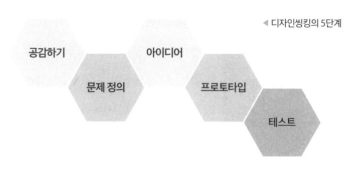

◀ 디자인씽킹의 5단계

디자인씽킹의 첫 번째 단계인 '공감하기'에서는

고객의 일상 관찰이 핵심입니다. 문제라는 것이 항상

데이터로만 해결되는 것은 아니기 때문에 고객과 같이

일상을 지내보기도 하고, 명동이나 강남처럼 사람들이

많은 장소에서 사람들을 관찰하기도 합니다. 또

리얼버라이어티 프로그램처럼 사람들의 집에 카메라를

설치해 아무도 인식하지 못했던 새로운 발견을 해볼

수도 있습니다.

▬ 스타벅스의 사이렌 오더를 예로 들어볼까요? 스타벅스처럼 사람들이 많이

찾는 매장은 항상 사람들로 붐빕니다. 주문하는 데에도 오랜 시간이 걸리지요.

주문하는 사람들, 즉 소비자 입장에서 생각해보면 대기시간은 매우 지루합니다.

그런데 스마트폰으로 미리 주문을 할 수 있다면 어떨까요? 이동시간까지 고려해서

사람들이 미리 음료를 주문할 수 있다면 스타벅스도 좋고 주문한 사람도 좋습니다.

스타벅스는 주문을 분산시킬 수 있고, 사람들은 대기하지 않아도 되기 때문입니다.

맥도날드나 버거킹의 드라이브쓰루 서비스는 어떤가요? 사람들이 매장까지

이동하는 형태를 관찰해보면 도보 이동도 많지만 차량 이동도 무시하지 못할

숫자입니다. 차량으로 빠르게 이동하는 중에 음식을 받기 위해 굳이 차에서 내려야

한다면 불편함이 생기지요. 주차 문제도 발생하게 되고요. 드라이브쓰루 서비스는

빠르고 간단하게 한 끼를 해결할 수 있다는 패스트푸드의 장점을 차량 이동 중에도

만끽할 수 있게 합니다.

▬▬ 의류건조기나 스타일러도 마찬가지입니다.

의류건조기는 아이를 키우는 엄마들이 가장 사고 싶은

가전 중의 하나입니다. 어린아이를 키우다 보면 하루에도

몇 번씩 빨래를 돌려야 합니다. 그뿐인가요? 세탁한 빨래는

건조를 위해 베란다나 집 안 어딘가에 널어놓아야 합니다.

특히 요즘에는 베란다를 확장해서 빨래를 거실에 널어놓는

경우가 많은데, 그러다 보니 습도가 높아져 집이 항상

꿉꿉하고 여름 장마철에는 쾌쾌한 냄새가 나기도 합니다.

게다가 빨래에도 냄새가 배죠.

이런 때 의류건조기는 쾌적한 거주 환경을 만들어줍니다.

건조기에 탈수한 세탁물을
넣으면 빠르게 건조가 되니
집 안에 빨래건조대를
놓을 필요가 없습니다.
하루에도 몇 번씩 빨래를
해도 빨래 건조에 신경 쓸
필요가 전혀 없지요. 아이를

▲ '빨래, 널지 말고'라는 말이 눈에 띈다.(출처: LG 트롬 건조기 광고 중)

키우는 엄마들의 입장에서 본다면 의류건조기는 남편보다
더 나은 가전임이 틀림없습니다. 건조기 이용이 늘어나면서
14킬로그램짜리 대용량 의류건조기도 나왔습니다. 엄마들의
여유시간이 늘어나는 건 덤입니다.

매일 몇 시간이나 입는 정장이나 교복의 경우는 문제가 또
다릅니다. 겉보기에는 깨끗한데 고기 냄새나 채취가 가득
밴 옷을 매번 드라이클리닝하기도 어렵지요. (돈도 돈인데,
귀찮은 것도 한몫합니다.) 게다가 아침저녁으로 미세먼지를
뚫고 다니느라 찜찜하기도 합니다. 이럴 때 스타일러가 큰
힘을 발휘합니다. 위생에 대한 사람들의 관심이 그 어느
때보다 높은 상황에서 한 번도 안 써본 사람은 있어도 한 번만
쓴 사람은 없다는 정도로 스타일러는 필수가 된 세상입니다.

■■■■ 지금까지 소개한 제품과 서비스는 모두 '관찰'의 결과라고 할 수 있습니다.
김치냉장고, 스팀청소기 등도 사람들이 일상적으로 당면하는 문제를 해결해준
제품들이죠. 이처럼 관점 전환은 일상을 관찰하는 것에서 시작합니다.

여러분들의 일상을 한번 관찰해보세요. 어쩌면 모두가 스쳐지나갔던 사물들에서
생각지도 못한 메가 히트 상품의 아이디어를 발견할지도 모르는 일입니다.

■■■ 자, 그럼 저의 일상을 한번 관찰해볼까요? 저는 아침에 샴푸나 케첩, 마요네즈 등이 조금밖에 남아 있지 않을 때에는 통을 거꾸로 해놓고 출근합니다. 점심에는 식사를 할 때마다 삼성페이 같은 모바일 서비스를 사용하고 있지 않아서 지갑을 꺼내 카드를 골라 적립하고 결제해야 하는 수고를 해야 하지요. 저녁에는 코스트코 같은 곳에서 쇼핑을 합니다. 가끔 현금 결제를 하는데 10원 단위의 거스름돈을 처리하기 곤란한 경우가 많죠.

이 모든 일상이 관점을 전환해볼 수 있는 기회가 됩니다. 관점 전환을 통해 새로운 제품이나 서비스를 발견할 수 있는 것이지요.

앞서 소개한 제 일상에서 문제가 되었던 일들을 해결해줄 수 있는 제품과 서비스가 이미 존재합니다. 예를 들어, 하인즈는 제품의 뚜껑이 밑으로 가 있습니다. 반면 로고는 정상적으로 붙어 있죠. 게다가 특수 처리를 통해 케첩을 짠 후

▲
모든 일상이
관점을 전환하는 기회가 된다.

뚜껑에 내용물이 묻지 않게 만들어놨습니다.

하인즈는 이런 내용에 대해 다음과 같이 적어놨습니다.

"제품에 대한 자신감을 바탕으로 투명한 용기를 최초로
사용한 하인즈케첩은 위생과 편리를 위해 뚜껑에 특수
노즐Stay Clean Cap을 설치했습니다. 이제 케첩을 짜고
난 후에도 내용물이 뚜껑 표면에 남지 않아 오랫동안
깨끗하게 사용할 수 있습니다. 또한 뚜껑을 아래로 옮긴
업사이드다운 방식을 채택해 마지막 남은 한 방울까지
짜기 편합니다."[19]

신용카드, 포인트, 멤버십카드 같은 것들도 하나의 앱에
다 담아서 가지고 다닐 수가 있습니다. 우리가 일상에서
사용하는 수많은 제품과 서비스는 사람들의 관점을
이해하고 공감함으로써 나온 것들입니다.

▬▬ 여러분은 혹시 정수기를 이용하면서 어떤 생각을 해보셨나요? 과거 정수기는
저수조 기반이었습니다. 저수조에 있는 물을 정수하는 시스템이었죠. 그러다 보니
'고인 물이 깨끗할까?'라는 의구심이 있었습니다. 지금은 어떤가요? 사람들의 그런
생각을 반영해 직수 형태의 정수기가 대부분입니다. 또 이런 형태의 정수기는

플라스틱 직수관을 사용하는데, 플라스틱이 위생상 안 좋을 수 있다는 생각이

반영되어 지금은 스테인리스 직수관 정수기가 나옵니다. 플라스틱 직수관 자체를

정기적으로 교체해주는 정수기까지 나왔습니다.

다음은 한 회사의 정수기 홍보 기사입니다. 이 기사를 보면 어떤 생각이 드나요?

> 직수형 정수기 '올인원'의 혁신성은 물이 지나가는 유로에서 시작한
>
> 다. 저수조를 없앤 직수형 정수기에서 보다 더 깨끗한 물을 마시고 싶
>
> 어 하는 소비자의 욕구를 착안해 물길 전부를 스테인리스로 바꾸고
>
> 위생성을 강화했다.[20]

사람들의 일상을 관찰할 때, 우리는 관점을 전환할 수 있습니다. 남들과 다른

생각을 할 수 있게 되는 것이지요. 그 생각의 차이가 얼핏 작아 보일 수도 있습니다.

하지만 주변 사람들과 대화를 하거나 일을 함께해보면 작게만 보이던 생각의

차이가 사실은 어마어마하다는 것을 쉽게 알 수 있습니다.

일상의 관찰이나 관점의 전환을 통해 생각의 간격을 한 발 더 벌려보세요. 여러분이

가지고 있는 눈은 여러분만의 시각을 새롭게 만들어낼 수 있습니다. 다른 사람과

동일한 것을 볼 필요가 없습니다.

가끔 자신이 가지고 있는 눈(시각)을 다른 사람에 맞추려는 경우가 있습니다. 저는 여러분만의 눈으로 다른 사람의 일상을 보면서 새롭게 정의해보라고 말하고 싶습니다. 그러다 보면 자신이 가지고 있던 눈도 새롭게 변할 때가 올 것입니다. 그리고 지속해나간다면 나의 눈이 곧 새로운 관점의 시발점이 될 것이라 생각합니다.

관점 전환을 위한 생각 습관

1 일상의 모든 것을 가능한 한 자세히 관찰해보세요.

2 나의 눈으로 일상을 관찰하며 새로운 눈을 가져보세요.

3 나와 다른 사람의 눈의 차이가 무엇인지 생각해보세요.

14

캠핑 체어
경험은 결국
이야기다

여러분은 지금 어떤 것들을 '경험'하고 있나요? 저는 요즘 캠핑에 푹 빠져 있습니다. 봄이나 가을처럼 해가 좋은 날에는 SNS 피드와 블로그가 캠핑 사진으로 가득해지는데, 그 사진들을 보며 캠핑을 하고 있는 저의 모습을 상상합니다.

상상은 곧 현실이 되기도 합니다. 그때 봤던 캠핑장을 직접 찾기도 하고, 가보지 않았던 캠핑장을 찾아 나서기도 합니다. 캠핑도 중요하지만, 저에게는 새로운 '경험'이 더 중요하기 때문입니다.

사람들이 제품이나 서비스를 구매할 때 가장 크게 고려하는 것은 '경험'입니다. 사람들은 다른 사람들의 리뷰 등을 통해 온라인으로 간접경험하고, 오프라인 매장에 들러 직접 경험해보기도 합니다. 저의 일상을 예로 들어볼게요. 저는 아이들을 위해서라도 가능한 한 주말은 집 밖으로 나가려고 합니다. 그래서 가족, 지인들과 모임을 핑계로 주말마다 서울 근교의 새로운 카페를 찾아 나섭니다. 일종의 카페 투어라고 할 수 있지요.

새로운 카페를 찾아다니면서 그 카페만의 특색을 즐깁니다. 커피의 맛, 멋진 풍경… 가만히 있어도 힐링이 되는 각 카페만의 색다른 경험을 말이죠. 단지 하루를 때우는 게 아니라 저에게도 의미 있는 새로운 세계를 발견하는 경험이 되어줍니다.

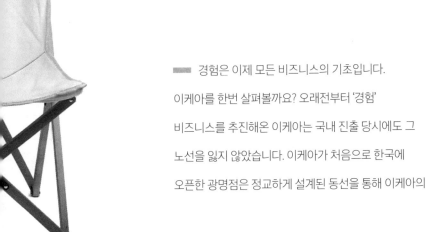

　　경험은 이제 모든 비즈니스의 기초입니다. 이케아를 한번 살펴볼까요? 오래전부터 '경험' 비즈니스를 추진해온 이케아는 국내 진출 당시에도 그 노선을 잃지 않았습니다. 이케아가 처음으로 한국에 오픈한 광명점은 정교하게 설계된 동선을 통해 이케아의

모든 제품을 소비자가 경험할 수 있게 합니다. 단지
가구를 전시해놓은 '전시장'이 아닌 것이지요.

이케아 매장을 방문한 소비자들은 침실이나 거실 등의
콘셉트에 따라 구성된 쇼룸의 제품 하나하나를 보며
이케아 가구로 꾸민 자신의 집을 상상합니다. 이케아
제품을 내 일상에서 어떻게 사용하고 우리 집에 어떻게
배치할지 상상할 수 있게 만드는 매장에서 빠져나오기는
쉽지 않겠죠? 이케아의 쇼룸은 이케아 홈페이지에도
그대로 구현되어 있답니다.

코디하기 쉬운 거실 가구

APPLARYD 에플라뤼드 시리즈 - 세련된 라인과 여유로운 시트의 우아하고 간결한 느낌

BACKSÄLEN 박셀렌 시리즈 - 깊은 시트, 분리형 커버, 감싸안는 느낌의 팔걸이가 있는 매력적이고 편안한 소파

PÄRUP 페루프 시리즈 - 팔걸이 주위의 파이핑 처리, 목재 다리와 같은 섬세한 디테일의 유행을 타지 않는 디자인

HAUGA 하우가 시리즈 - 부담되지 않는 가격의 다재다능한 클래식 스타일 수납 솔루션

KALLAX 칼락스 시리즈 - 모든 것을 깔끔하게 정리해주는 만능 수납 솔루션

BESTÅ 베스토 수납시스템 - 모듈식 유닛과 다양한 알판으로 나만의 이상적인 수납과 디스플레이 솔루션을 맞춤 구성

▲ **이케아의 디지털 쇼룸**(출처: 이케아 홈페이지)

이케아는 새로운 경험의 극대화를 위해 하나의 콘셉트만 제공하지 않습니다. 예를 들어, 거실만 해도 우리가 기존에 가지고 있던 '거실'에 대한 경험을 뛰어넘어 '여유롭고 우아한 둘만의 거실', '함께하기 좋은 넓은 거실', '스타일리시한 거실 수납', '사소한 디테일까지 신경 쓴 세련된 작은 거실', '대가족을 위한 거실' 등의 콘셉트를 제안하고 있지요.

■■■■ 지금은 다른 기업들도 이케아 스타일의 매장을 많이 운영하고 있습니다. 한샘, 일룸 등 생활용품과 가구를 판매하는 업체들은 이케아처럼 건물 한 채를 쇼룸으로 만들어 사람들에게 자신들이 추구하는 라이프스타일 기반의 디자인과 철학을 보여줍니다.

한샘디자인파크는 지하 2층, 지상 6층의 건물에 생활용품관, 침실관, 거실관, 서재자녀방관, 키친관 등을 운영하며 사람들이 체험할 수 있게 전시해놓고 있습니다. 디자인파크라는 이름에서도 알 수 있듯이 단순 매장을 넘어서고 있습니다.

우리 주변에서 볼 수 있는 또 다른 체험 매장은 뭐가 있을까요? 이마트에서 운영하는 일렉트로마트가 있습니다. 개인적으로 일렉트로마트가 처음 나왔을 때, 신선하게 느껴졌습니다. '남자 어른'을 유혹할만했죠. 남자는 어른이 되어서도 손으로 가지고 놀 수 있는 제품들을 좋아합니다. 그게 컴퓨터 같은 가전기기가 되었든, 드론 같은 것이 되었든 말이죠.

실제로 일렉트로마트에 가면 여러 가전을 구경하느라 시간이 금방 갑니다. 특정 카테고리를 브랜드화한 일렉트로마트는 기존 마트의 가전 코너와는 다른 새로운 경험을 선사해줍니다.

▲ 새로운 경험을 선사하는 한샘디자인파크(위)와 이마트 일렉트로마트(아래)

일본 사람들은 책을 포함해 영화와 음악, 여행, 문구류 등을 직접 경험하기 위해 츠타야에 방문합니다. 츠타야 매장 중 가장 큰 규모를 자랑하는 다이칸야마 지점은 안진 라이브러리&라운지|Anjin Library & Lounge가 특히 유명한데, 전 세계 희귀 도서를 커피와 맥주, 칵테일, 간단한 식사와 함께 즐길 수 있습니다. 또한 T-Travel이라는 여행 코너에서는 여행 컨시어지를 운영하고 있어 맞춤형 여행을 상담할 수도 있지요. 일본을 방문하지 않아도 츠타야 홈페이지의 T-Site를 통해 츠타야 매장을 간접경험해볼 수 있습니다.

▼ 츠타야서점에서 운영하는 다이칸야마 T-SITE

국내 대형 서점들도 츠타야의 콘셉트를 적극적으로
도입하고 있습니다. 이러한 변화는 '사람들이
서점에서 무엇을 경험하기를 원하는가?'라는 질문에서
시작되었습니다. 그들이 얻은 해답은 바로 '새로운
경험'이었던 것이지요. 이제 사람들은 단지 책을 보기
위해 서점에 가지 않습니다.

독립서점도 새로운 경험의 시작입니다. 경남
통영의 '봄날의책방', 홍대에 위치한 '땡스북스', 술을
마실 수 있는 서점 '북바이북', 추리소설 전문 서점
'미스터리유니온', 고양이 책만 파는 대학로의 '슈뢰딩거'
등은 책에 관심이 없는 사람들을 새롭게 유혹하는 데
성공했습니다.

이런 독립서점의 유행은 유명인들의 참여도

이끌어냈는데, 최인아 전 제일기획 부사장이 운영하는
'최인아책방', 가수 요조의 '책방무사'등이 대표적입니다.

████ 롤프 옌센Rolf Jensen은 《드림 소사이어티》에서 미래
사회를 '꿈과 감성을 파는 사회'로 정의했습니다. 롤프
옌센은 이 책에서 미래 시장의 모습을 다음과 같이 여섯
가지 형태로 나누어 설명하고 있습니다.

1. 모험 판매

2. 연대감, 친밀함, 우정, 그리고 사랑을 위한 시장

3. 관심의 시장

4. '나는 누구인가' 시장

5. 마음의 평안을 위한 시장

6. 신념을 위한 시장

이러한 시장은 사람들에게 '감성'을 팔고 있습니다. 즉,
'이야기'가 핵심이지요. 이야기와 감성은 결국 '경험'으로
이어집니다.

저는 여섯 가지 시장 중 특히 '나는 누구인가' 시장에 가장

끌립니다. 내가 누구인지 알려주는 시장? 내가 누구인지 파는 시장? 직관적으로 느낌이 오나요? '나는 누구인가' 시장에서는 다음과 같은 질문이 핵심입니다.[21]

- 나는 얼마나 활기찬 사람인가?
- 내가 소중하게 여기는 가치는 무엇인가?
- 어떤 이야기를 할 수 있는가?
- 내가 알고 지내는 사람들은 누구인가?
- 나는 그들과 어떻게 다른가?

우리는 제품과 서비스를 경험함으로써 내가 누구인지 정의하고, 때로는 스스로의 가치를 확인합니다. 반대로 나의 가치를 제품과 서비스를 통해 표현하기도 하지요. 예를 들어, 나만의 취향을 드러내기 위해 명품 옷과 시계, 화장품을 선호하는 사람들도 있습니다. 그들에게 가격은 별로 중요하지 않습니다. 프리미엄 제품을 사용한다고 과시하지도 않습니다.

▬▬ 《소유냐 존재냐》의 저자 에리히 프롬은 '소유'의 삶이 아닌 '존재'의 삶을 말합니다.[22]

"소유가 관계하는 것은 '물건'이며, 물건은 고정되어 있어 '기술'할 수가 있다. 그러나 존재가 관계하는 것은 '경험'이며, 인간경험은 원칙적으로 기술을 할 수 없다."

어쩌면 지금과 같은 공유경제 시대에는 경험의 가치가 더욱 높아질 것입니다. 만약 여러분이 소유의 프레임을 가진다면, 다양한 가전제품을 구매하는 데 관심을 가질 것입니다. 하지만 존재의 프레임을 가진다면, 가전제품을 통한 경험에 더 집중할지 모릅니다. 지금의 기업들이 고객경험을 강조하는 것처럼, 사람들은 이제 제품이나 서비스의 경험에 대해 더 많은 가치를 부여하고 있습니다.

여러분은 지금 주변 사람에게 어떤 경험을 전달하고 있나요? 그리고 그런 경험에 대해 다른 사람들은 어떻게 말하나요? 경험은 수많은 관점의 집합체입니다. 여러분의 경험이 곧 여러분의 관점을 만듭니다.

관점 전환을 위한 생각 습관

1 일단 보지 말고 경험해보세요.

2 기존 경험 외에 새로운 경험을 계속해서 해보세요.

3 경험을 통해 다양한 관점들을 수집해보세요.

육아 스트레스는
어떻게 풀 수 있을까?

직장 스트레스만큼이나 육아 스트레스도 만만치가 않습니다. 가만히 생각해보세요. 아기랑 단 둘이 있는데 아기가 계속 운다면 기분이 어떨 것 같나요? (아주 잠시였지만 솔직히 일하러 가고 싶었습니다.)

사실 경험해보지 않으면 육아 스트레스에 공감하지 못할 수 있습니다. 단순히 '아이를 어린이집에 더 오래 맡기면 되지 않을까?'라는 생각을 할 수도 있습니다. 하지만 그 방법이 정말 올바른 해결책일까요? 다음은 육아맘들의 육아 스트레스에 관한 기사입니다.

————

쉴 틈 없이 홀로 육아를 감당하는 육아맘들은 정서적으로 고갈되기 쉬워 아이에게 짜증이나 화를 내게 되고 스스로 나쁜 엄마라는 자책감에

시달릴 수 있다. 실제로 자신을 "나쁜 엄마라고 생각한 적이 있다"는 육아맘은 85%에 달하는 것으로 나타났다. (중략)

그 이유로는 '아이에게 짜증이나 화를 내게 될 때'가 70.2%로 가장 높은 비율을 차지했다. 이어 '아이와 떨어져 있고 싶거나 혼자 있고 싶을 때(16.6%)', '완모 등 기대했던 것을 하지 못했을 때(4.3%)' 등의 응답이 나왔다. 또 '지쳐서 아이에게 동영상을 보여줄 때', '피곤해서 아이 혼자 놀게 방치할 때' 등의 답변이 나왔다. (중략)

육아맘의 97.1%는 육아 스트레스를 경험한 적이 있는 것으로 나타났다. 육아에서 가장 힘든 것은 '나를 위한 개인적인 시간이 없는 것(52.7%)', '가사 분담, 독박육아 등 남편과의 갈등(23.9%)', '수면 부족과 체력 저하 등 건강 문제(13.7%)' 순으로 나타나 육체적, 심리적으로 지친 육아맘의 일상을 엿볼 수 있었다.

육아 스트레스를 해소하는 방법으로는 '육아 커뮤니티나 SNS 등 온라인 소통'이 42.7%, '주변 사람들과의 만남'이 19.8%로 집계돼 비슷한 상황에 있는 이들과 서로 공감하는 과정이 실제 육아 스트레스 해소에 큰 도움이 되는 것으로 나타났다. 또 'TV 시청, 집에서 휴식(13.7%)', '개인적인 취미생활(11.2%)', '아이와 떨어져 혼자 있는 시간 확보(9.0%)' 등이 있었으나 '남편과의 대화'를 통해 스트레스를 해소한다는 응답자는 1.2%에 불과했다.[23]

여러분이 육아맘의 상황에 공감한다면 그들이 겪고 있는 문제를 어떤 식으로 해결할 수 있을까요? 다음 2개의 질문에 한번 답해보세요.

구분	내용
전형적 질문	어떻게 하면 육아맘이 조금이라도 아이와 떨어져 혼자만의 시간을 가질 수 있을까?
관점 전환 질문	어떻게 하면 육아맘이 아이와 함께 즐거운 시간을 보낼 수 있게 할 수 있을까?

이제, 이 두 개의 질문에 여러분 스스로 해결책을 찾아볼까요? 분명 관점 전환 질문을 통해 아이와 함께 있으면서도 스트레스를 받지 않는 좋은 방법이 나올 것입니다.

구분	내용
전형적 질문에 대한 해결책	
관점 전환 질문에 대한 해결책	

참고로 전형적인 질문에서는 보통 '아이를 누군가에게 맡긴다' 같은 아이와 엄마의 '분리'에 초점을 두는 해결책이 나옵니다. 하지만 관점 전환 질문에서는 이와 정반대의 답이 나옵니다.

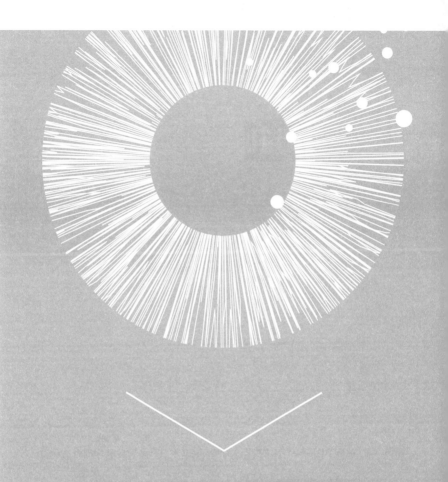

PART3 **분석**

15

커피

'왜'

하는가

"데이터는 '미래의 석유'다"라는 말이 있습니다. 그만큼 앞으로 우리가 살아갈 세상에서 데이터가 중요하다 뜻이기도 합니다.

우리가 생산하는 데이터는 이미 사물인터넷을 통해 수집되고 있습니다. 우리가 이용하는 제품 속에는 센서가 부착되어 있는데, 이 센서가 실시간으로 데이터를 만들어내고 있죠. 공기청정기를 예를 들어볼까요? 공기청정기 속 센서가 집 안 환경에 대한 데이터를 수집하고, 이 데이터를 바탕으로 공기 질이 나쁘면 팬 동작 속도를 스스로 높여 공기를 정화시켜줍니다.

넷플릭스는 어떨까요? <킹덤>, <승리호>, <오징어 게임> 등을 연이어 히트시킨

넷플릭스는 신통방통할 정도로 내 취향을 정확하게 저격하는 추천 서비스가 강점입니다. 이러한 추천 서비스가 어떻게 가능할까요? 바로 데이터의 힘입니다. 넷플릭스의 역량은 소비자의 콘텐츠 이용 기록(장르, 배우, 출시년도, 시청 시간 등)과 다른 콘텐츠 평가 결과, 유사한 취향을 가진 구독자, 이용 디바이스 등과 같은 데이터로부터 비롯됩니다.

▲ 취향을 저격하는 넷플릭스의 추천 서비스

이처럼 데이터는 기업의 서비스를 차별화시키고 시장을 선도하게 만듭니다. 하지만 데이터에만 매몰되면 맥락을 보지 못하고 데이터 속에 숨은 의미를 찾기 어려워집니다. 앞서 예로 든 넷플릭스의 성공은 수집한 데이터의 양에 있는 것이 아니라 맥락을 찾아낸 '분석력'에 있습니다.

■■■ 다음은 한국소비자원이 6개 커피 전문점의 서비스에 대해 조사한 결과입니다. 여러분이 스타벅스 담당자라면 이 서비스 조사 결과를 보고 어떤 방안을 마련해야 할까요?

▼ 커피 전문점 서비스 만족도 조사 결과

구분	종합 만족도	서비스 품질	상품 특성				호감도
			제품	매장 접근성	매장 이동 편의성	가격 및 부가 혜택	
할리스커피	3.95	3.99	3.88	4.09	3.99	3.46	3.85
스타벅스	3.93	4.12	3.94	4.23	3.65	3.23	3.78
엔제리너스	3.86	3.86	3.72	3.90	3.75	3.49	3.83
투썸플레이스	3.85	3.93	3.92	4.09	3.84	3.32	3.73
커피빈	3.84	3.91	3.74	3.78	3.74	3.22	3.80
이디야커피	3.80	3.83	3.57	3.96	3.72	3.62	3.75
평균	3.88	3.97	3.82	4.05	3.76	3.37	3.78

자료: 한국소비자원, 2019. 11. 25, 온라인 설문조사(2019. 9. 4~9. 16)

스타벅스의 전체 만족도는 2위입니다. 세부 항목별로 보면 가격 및 부가 혜택이 다른 커피 전문점 대비 낮은 것으로 나타납니다. 그러면, 가격은 낮추고 부가 혜택을

높이면 될까요? 데이터만으로 봤을 때는 그렇게 할 수도
있습니다. 하지만 가격을 낮추고 부가 혜택을 높이면
정말 과거보다 더 만족스러운 조사 결과를 얻을 수
있을까요? 그렇지 않을 겁니다.

어떤 제품이나 서비스든 사람들은 가격에 대해 만족하지
않습니다. 또 가격이 낮다고 해서 좋아하는 것도
아닙니다. 이 조사에서 사람들은 아메리카노 한 잔의
적정 가격을 3,055원이라고 말했습니다. 이 가격은
2017년 2,886원보다 높았습니다. 커피 전문점이
늘어나며 경쟁이 치열해 저가 커피도 증가하고 있는데
말이죠.
오히려 이런 질문을 해보면 어떨까요?
"사람들은 왜 가격 및 부가
혜택이 낮음에도 스타벅스에
갈까?" 그러면 가격 및
부가 혜택의 낮음에
대한 의미를 더 잘 알 수
있지 않을까요? 사람들은
전체적으로 다 만족하는데,
가격도 조금 낮았으면 하는

긍정적인 불만을 갖고 있는 게 아닐까요?

사람들의 생각이 뭔지는 알 수 없습니다. 그렇지만

스타벅스를 좋아하는 사람들에게 있어 가격보다 더

중요한 의미를 갖는 것들이 많으니 종합만족도가 높은

것이 아닐까요?

▬ 우리는 어떤 데이터를 분석할 때 모든 항목들을 자꾸 평균 이상으로 맞추려는 경향이 있습니다. 하지만 그런 평균이 제품과 서비스의 만족도를 높이고 매출을 향상시킬까요? 이런 질문에 대한 고민이 필요합니다. 데이터 분석은 단순히 숫자를 분석하는 일이 아닙니다. 사람들의 생각이 왜 이런 수치로 나타났는지를 분석하는 게 핵심입니다.

빅데이터 분석 전문가들 또한 데이터 분석이란 '인간의 생각을 파악하기 위한 과정'이라고 말합니다.[24] 그래서 인문학적 소양이 필요하다고 말하죠. 인간의 생각이란 뭘까요? 사람들이 어떤 제품과 서비스를 어떤 상황에서 왜 이용하는지를 아는 것이 아닐까요?

그래서 AI 시대에 사람들은 인문학을 강조합니다. 블루울프Bluewolf의 CEO 에릭 베리지Eric Berridge는 TED 강연에서 인문학은 맥락을 알려주고 비판적 사고를 하게 만든다고 말했습니다.[25] 그래서 인문학은 무엇을 '어떻게' 만드는지가 아닌, 무엇을 '왜' 만드는지를 알려준다는 것이죠.

■■■■ 광고회사 이노션월드와이드는 2019년 2월 서점에 대한 소셜데이터 분석 결과를 발표했습니다.[26] 2018년 1년 동안 다양한 온라인 플랫폼을 통해 생산된 100만여 건의 서점 관련 소셜데이터를 분석한 결과 여행(6만 7,680건), 데이트(1만 3,101건), 나들이(9,611건), 일본(1만 3,508건), 연남동(6,561건), 해방촌(4,577건) 등의 키워드가 도출되었습니다. 이 결과를 보고 여러분은 서점에 대한 동향을 어떻게 설명할 수 있을까요?

▲ 연남동 헬로인디북스(위)와
▶ 해방촌 스토리지북앤필름(아래).
  서점도 핫플레이스가 됩니다.

이 데이터만 보면 서점도 하나의 여행지, 데이트 및
나들이 코스라는 걸 생각해볼 수 있습니다. 그런데 일본,
연남동, 해방촌은 무엇일까요? 데이터만으로 이를 설명할
수 있을까요? 이를 위해서는 사람들의 라이프스타일의
변화를 봐야 합니다. 그래야 데이터가 가지고 있는 의미를
정확하게 알 수 있습니다.

연남동, 해방촌과 서점을 결합해 키워드 검색을 해보면,
연남동에는 헬로인디북스, 사슴책방, 사이에, 해방촌에는
고요서사, 스토리지북앤필름, 노홍철의 철든책방 등 관련
다양한 기사나 포스트를 볼 수 있습니다. 이 장소는 해당
지역의 핫플레이스입니다.

여러분이 만약 데이터로만 서점을 이해한다면, 이 지역에 단순히 서점이 많이
몰려 있다는 생각을 할 수 있습니다. 하지만 숫자가 아닌 의미를 알려 한다면, 왜
이 지역에 독립서점이 생겨나는지, 이 지역에서 독립서점이 어떤 의미를 가지는지
고민해볼 수 있습니다. 또 이 지역에 생겨나는 독립서점은 책을 파는 기능 외에
다른 기능이나 역할을 하고 있는 것은 아닌지 생각해볼 수 있습니다.

여러분이 조금 더 고민을 해 검색을 하면, 독립서점과 일반·대형서점에 대한
연령대별 이용 고객 자료도 찾을 수 있습니다. 신한카드에서 진행한 분석에 따르면
독립서점은 20대의 비중이 54%인 반면, 일반·대형서점은 30%로 큰 차이가
난다는 것을 알 수 있습니다.

지금까지 말한 내용을 종합해보면, 사람들은 서점을 여행, 데이트, 나들이 코스로 가는데 그 서점이 일반·대형서점이 아닌 독립서점이며, 20대에게 핫플레이스로 떠오르는 장소라는 것을 알 수 있습니다. 단순히 데이터 속 수치를 숫자의 높고 낮음으로 이해한다면 이런 분석을 하기 어렵습니다. 하나의 숫자에 대한 의미 파악과 함께 그 의미를 따라가 다양한 각도에서 또 다른 데이터와 사람들의 일상을 봐야 숫자의 의미를 제대로 알 수 있습니다.

《데이터 분석의 힘: 그 많은 숫자들은 어떻게 전략이 되는가》라는 책에서도 데이터의 중요성을 이야기하지만 다양한 사람들과의 협력을 무엇보다 강조합니다. "데이터 분석 전문가는 전문 지식을 제공할 수는 있지만 현장의 목소리가 문제를 체감하지 못하기 때문"입니다.[27]

앞으로 데이터 분석을 한다면 숫자에만 매몰되지 않기를 바랍니다. 다양한 프로그램을 통해 데이터 분석 스킬을 익히는 것도 중요합니다. 하지만 그보다 '사람들은 왜 그렇게 행동할까?'에 대한 이해가 필요합니다.

우리의 행동 하나하나에는 의미가 담겨 있습니다. 그냥

누군가를 따라한다 해도 말이죠.

1 데이터 속에 숨은 의미를 찾아보세요.

2 데이터와 사람을 같이 생각해보세요.

3 다양한 데이터를 조합해 새로운 의미를 찾아보세요.

꼬깔콘

공통점을

찾는다

다음은 장강명 작가가 연재했던 칼럼 중 하나의 제목입니다.

"책 쓰기와 권투·색소폰·수영의 공통점은?"[28]

여러분은 이 네 가지의 공통점이 무엇이라고 생각하나요? 장강명 작가는 '기예'라고

합니다. 이 네 가지는 모두 오랜 시간을 들여 몸으로 익혀야 한다는 것입니다.

지금까지 이야기한 것처럼, 내가 어떤 관점에서 보느냐에 따라 이 네 가지의

공통점은 기예 외에도 수십 개가 나올 수 있습니다. 예를 들어, '열정'이라고도 할 수

있습니다. 또는 '취미'는 어떨까요? 과거 책 쓰기는 정말 작가만이 할 수 있는 일이라 생각했는데, 이제는 모든 사람이 하고 싶고, 또 할 수 있는 것이 되었으니까요.

새로운 의미를 찾는 방법 중 하나는 시선을 조금 비트는 것입니다. 이를 통해 차이를 만들어낼 수 있습니다. 하지만 사실 쉽지는 않은 일입니다. 그런데 새롭게 보는 방법이 또 하나 있습니다. 바로 공통점을 찾아보는 것입니다. 여러분이 속한 분야가 아닌, 다른 분야와의 공통점을 찾아야 한다는 데 주목하세요.

맥도날드, 병원 응급실, F1의 공통점은 무엇일까요? 각기 다른 산업에 속해 있어 공통점을 찾는다는 것이 쉽지 않습니다. 그러나 이 세 개의 본질을 생각해보면 공통점이 무엇인지 알 수 있습니다. 바로 '빠른 대응'입니다.

맥도날드는 누구나 알고 있듯이 햄버거를 파는 매장입니다. 햄버거는 패스트푸드로 사람들이 간편하게 그리고 빠르게 식사를 해결하기 위해 가는 곳 중 하나입니다. 그런데 이 매장이 일반 음식점보다 더디게 음식을 제공한다면 어떨까요? 응급실은 또 어떤가요? 응급실은 빠른 시간 안에 환자를 치료해야 하는

곳입니다. 구급차에 환자가 실려 왔는데 허둥지둥하다

환자의 치료 시기를 놓치면 어떻게 될까요?

F1도 마찬가지죠. F1에서는 정비를 위해 트랙을

벗어나는 피트 스톱pit stop이 있습니다. 경주에서 이기기

위해서는 빠르게 정비가 이루어져야 합니다. 1초

차이로도 승부가 갈리기 때문입니다. 2019년 레드불의

피트 크루crew가 자동차의 바퀴 네 개를 정비하는 데

걸린 시간은 1.91초였습니다.[29] 이 피트 스톱 영상을

유튜브에서 보면 왜 맥도날드, 응급실과 공통점이 있는지

더 명확하게 이해할 수 있을 것입니다.

▲ 4개의 바퀴를 바꾸는 데 걸리는 시간 1.91초!

이렇게 보면 의미를 찾는 과정은 그리 어려운 일은 아닌 것 같습니다. 다만 자신의 생각이 필요할 뿐이지요.

데이터를 분석할 때 사람들이 쉽게 빠지는 함정이 있습니다. 수많은 데이터가 아니라 숫자 하나에만 집중하는 것이지요. 하나의 데이터는 단지 '점'에 불과합니다. 이 점들을 서로 연결해 '선'을 만들고, 선들을 또 연결해 '도형'을 만들어야 합니다. 이렇게 만들어진 도형에서 우리는 비로소 '의미'를 찾을 수 있습니다.

여러분에게 다음 점들의 집합은 어떤 그림으로 보이나요? 이 점의 집합만으로는 의미를 찾을 수가 없습니다. 연결이 필요하지요. 한번 연결해볼까요? 연결된 그림은 뒤에서 보겠습니다.

▲

점들을 연결하면 어떤 그림이 나올까?

(출처: https://grittyengineer.com/)

▬▬ 스티브 잡스는 2005년 스탠퍼드대학 졸업식 연설에서 "connect the dots"란 말을 했습니다. 자신의 기존 경험들이 언젠가는 연결된다는 것입니다. 이 연결은 나에게 어떤 식으로든 의미가 있다는 것이죠. 그런데 우리는 '데이터' 그 자체에만 매몰되어 '의미 찾기'를 하지 않는 경우가 많습니다. 수많은 숫자만 나열할 뿐이지요. 의미를 찾는다는 것은 어떤 대상들을 서로 연결해 공통점 혹은 유사점을 찾는 작업입니다. 이 과정 속에서 우리는 새로운 관점을 갖게 되지요. 그리고 다른 관점에서 봄으로써 문제 해결을 위한 통찰을 얻습니다. "로켓배송, 꼬깔콘 대박의 비밀"이라는 제목의 기사를 한번 살펴볼까요?

지난 14일 밤 10시. 회사원 고영주(39) 씨가 부서 회식을 마치고 집에 도착했다. 샤워를 하고 침대에 누워 쿠팡 애플리케이션을 클릭했다. 하루 종일 미뤄둔 장보기를 시작하는 순간이다.

고 씨는 계란 한 판과 생수(500ml·20개), 우유(2.3l·1개), 식빵과 햄, 그리고 아들의 실내화(220mm·디즈니 아동용)를 골라 온라인 장바구니에 담았다. 장바구니에 원하는 제품을 담고 나면, 쿠팡의 자체 인공지능[AI]이 움직인다. AI는 즉시 쿠팡메가물류센터에 생수·실내화 출고를 지시하고, 신선식품물류센터에 계란·우유·식빵·햄 출고 명령을 내렸다.

수많은 계란·식빵·실내화 담당자 중에서, AI는 출고 상품과 작업자 간 거리가 가장 가까운 물류센터 작업자의 개인용 정보단말기[PDA]로 명령을 전달했다. 9만 9174㎡(약 3만 평) 규모의 이 물류센터에는 '실내화 코너'가 없다. 똑같은 220mm 실내화라도 디즈니 실내화가 동쪽 끝에 있다면, 헬로키티 실내화는 서쪽 끝에 있을 수 있다. 위치를 정확히 아는 건 오직 AI뿐이다.[30]

로켓배송은 의미를 찾는 작업과 연결하는 작업을 인공지능이 담당하고 있습니다. 고객의 구매 패턴을 인공지능이 분석하고, 구매 패턴에 따라 물류센터 상품 배치까지 결정합니다. 단순히 어떤 제품이 판매된 숫자만 분석하는 것이 아니라 제품 종류, 체류 시간 등의 데이터를 연결해 하나의 의미를 도출해내는 작업이 인공지능에 의해 이루어지는 것이지요,

롯데에서 출시한 버팔로윙맛 꼬깔콘 또한 인공지능을 통한
의미 도출로 대박을 쳤습니다. 롯데에서 개발한 인공지능
'엘시아'가 식품 관련 사이트, SNS 분석을 통해 얻은 다양한
의미들을 연결해 '혼맥족'이라는 키워드를
도출했고, 이를 타깃으로 한 제품을
출시해 성공을 거둔 것입니다.

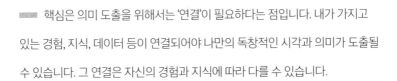

핵심은 의미 도출을 위해서는 '연결'이 필요하다는 점입니다. 내가 가지고
있는 경험, 지식, 데이터 등이 연결되어야 나만의 독창적인 시각과 의미가 도출될
수 있습니다. 그 연결은 자신의 경험과 지식에 따라 다를 수 있습니다.

예를 들어, 1인 가구에 대해 분석한다고 하면 어떨까요? 단순히 1인 가구 추이
분석만 하면 될까요? 의미 있는 분석을 위해서는 1인 가구들이 온라인과
오프라인에서 어떤 구매 행태를 보이는지 볼 필요가 있습니다. 1인 가구들의
라이프스타일 관련 데이터를 분석해볼 수도 있겠죠. 그 결과, 우리는 1인 가구에
대해 다양한 측면에서 의미를 도출할 수 있습니다. 즉, 다양한 자료 속에서 '1인
가구'라는 '공통'된 키워드를 바탕으로 의미를 분석해야 하는 것입니다.

이제, 앞에서 보여드린 점들의 집합의 결과를 볼까요?

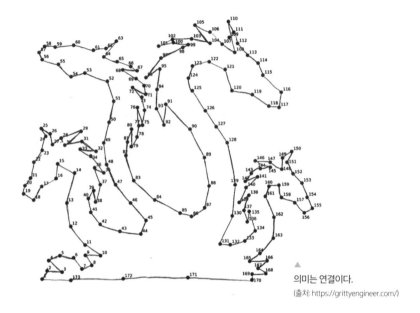

▲
의미는 연결이다.
(출처: https://grittyengineer.com/)

어떤가요? 너무 쉬웠나요? 여러분이 상상하던 모습과 같나요? 내가 어떻게

연결하느냐에 따라 의미가 달라질 수 있다는 것을 꼭 생각해보시기 바랍니다.

관점 전환을 위한 생각 습관

1 다른 분야에서 공통점을 찾아보세요.

2 데이터의 연결을 통해 하나의 의미를 도출해보세요.

3 다양한 관점으로 점 → 선 → 면 → 도형을 만들어보세요.

17

가면

어떤 의미가

있는가

"사람의 주된 관심사는 즐거움을 얻거나
고통을 피하는 데 있는 게 아니라
삶의 의미를 찾는 데 있다."[31]

사람들은 참 다양합니다. 그래서 어떤 일을 해도 사람마다 그 의미가

다릅니다. 같은 독서 모임에 참여해도 지식을 습득하려는 사람, 관계를 형성하려는

사람, 생각을 조금 바꾸고 싶은 사람 등 저마다 다른 의미를 갖고 참여합니다.

그런 걸 보면, 사람을 이해할 때는 행동이 아닌 행동 속에 숨겨진 의미가 더 중요한 것 같습니다.

회사에서 우리가 일을 할 때도 마찬가지입니다. 신제품이 출시되면 마케팅을 합니다. 이때, 아무나가 아니라 '핵심' 고객을 찾기 위해 고객을 세분화하는 작업을 합니다. 그런데 앞서 이야기한 '사람들이 가진 다양한 의미'를 찾는 데 이 세분화로는 한계가 있습니다. 고객을 수십 개 집단으로 구분할 수는 없기 때문입니다.

그러다 보니 우리 제품을 원하는 '진짜' 고객이 누구인지 파악하기가 쉽지 않은 현상이 일어납니다. 만약 모든 회사가 자신의 '진짜' 고객이 원하는 제품을 개발했다면 히트하지 않은 제품은 없겠죠.

그래서 요즘은 고객 중심으로 사고하려 합니다. 앞서 말한 디자인씽킹처럼 말이죠.

▬▬ 현대캐피탈 뉴스룸과 현대카드 데이터분석팀이 가사 서비스 가맹점의 결제 데이터(2017. 1~2019. 10)를 분석한 결과를 한번 볼까요?[32] 여기서 가사 서비스는 육아, 청소, 요리, 세탁입니다. 분석 결과를 보면 30대의 가사 서비스 이용 비중이 최근 3년간 50%를 상회합니다. 2017년 대비 2019년 이용 증가율을 보면 50대의 증가율이 매우 높은 것으로 나타납니다.

이 결과를 보면 어떤 생각이 드나요? 과거 가사 서비스는 어찌되었든 부모들이 직접 제공하는 경우가 많았습니다. 하지만 시대가 바뀌고 사람들의 가치관이 변하면서 이제 가사 서비스도 사람들이 돈을 주고 이용하게 되었습니다.

이 조사에서 응답자들은 '육아 및 가사는 노동이다'라는 질문에 72.9%가 '그렇다'라고 응답했습니다. 특히 응답자 중 약 17%는 과거(3년 전)에는 가사가 노동이라고 생각하지 않았다고 합니다.

이렇게 사람들의 생각은 시시각각으로 바뀌고 있습니다. 생각이 바뀜에 따라 그에 맞는 서비스가 출시되고 있는 것이지요. 그러면 지금 사람들에게 가사 서비스는 어떤 의미를 갖고 있을까요? 가사 서비스가 그들에게 어떤 가치가 있기에 이 서비스를 이용하는 것일까요?

- **가사 서비스가 자신의 시간을 너무 많이 가져가서**
- **나보다 잘하는 사람들에게 맡기는 것이 차라리 나아서**
- **직접 하고 싶지만 맞벌이라 시간 자체가 나지 않아서**

추가 조사 결과, 육아·청소는 '개인 시간을 확보할 수 있어서', 요리·세탁은 '원하는 시간대에 배송받을 수 있어서'로 나타났습니다.[33]

▬▬ 결국 서비스가 고객에게 어떤 의미인지를 알아야 우리는 그 서비스의 가치를 높일 수 있는 방법을 알 수

있습니다. 그래야 육아·청소 서비스를 이용하는 이유가 '내가 잘하지 못해서'가 아니라 '가사 노동으로 내 시간을 누릴 여유가 없어서'라는 걸 알 수 있습니다. 더 나아가 그 시간이 그 사람의 일상에서 어떤 의미를 가지는지 알 수 있지요.

▬▬ 《비즈니스 모델의 탄생》으로 잘 알려진 알렉산더 오스터왈더와 예스 피그누어는 《밸류 프로포지션 디자인》이란 책을 집필했습니다. 이 책에서 그들은 고객의 주요 활동을 세 가지로 구분합니다. 바로 기능적 활동, 사회적 활동, 개인적/정서적 활동입니다.[34]

기능적 활동은 고객이 특정 업무를 수행하거나 어떤 문제를 해결하는 활동입니다. 몸이 안 좋아서 약을 먹는 행동을 예로 들 수 있습니다. 사회적 활동은 멋지게 보이거나 사회적 영향력과 지위를 얻기 위한 활동입니다. 첨단 IT 제품을 구매하거나 유명인이 많은 모임에 참여하는 활동들이 있습니다. 개인적/정서적 활동은 특정 감정 상태를 추구하기 위한 것입니다. 안정된 직장을 찾는 것은 이런 활동 중의 하나입니다.

이처럼 사람은 다양한 이유로 활동을 합니다. 우리는 고객을 하나의 덩어리로 보지 말고, 그들의 활동 맥락을 파악하고 접근하는 것이 필요합니다.

■■■ 그래서 '페르소나'라는 것을 말하기도 합니다.
페르소나는 가면을 뜻합니다. 이 가면을 쓴 고객을
이해하기 위해 가상의 고객을 설정해서 그들이 진짜
원하는 것이 무엇인지를 찾습니다.
예를 들어, 스타일난다 같은 온라인 쇼핑몰이 있다고
생각해볼게요. 이 쇼핑몰을 이용하는 고객은
누구일까요? 그냥 10~20대라고 정의하면
될까요? 그리고 그들이 원하는 것을
생각하면 될까요?
모든 10대와 20대가 동일한 생각,
가치, 경험, 생활 패턴을 갖고 있다면
가능합니다. 하지만 그렇지 않죠. 동일한
연령대라고 하더라도 패션에 민감한
혹은 둔감한 사람이 있기 마련이고,
민감하더라도 자신만의 스타일이 존재합니다.

그래서 고객이 진짜 원하는 것을 제대로 이해하기
위해서는 가상의 인물을 설정해 그들의 라이프스타일에
대한 분석이 필요합니다. 단순히 지역, 연령, 소득 등의
인구통계학적 특성 말고도요. 그들이 평소 어떤 옷을
입고, SNS에는 어떤 사진이나 글을 올리고, 친구들과

주로 활동하는 지역은 어디인지를 보며 그들의 생각을

읽는 겁니다. 트렌드에 민감하지만 자신의 취향이

있는지, 아니면 단순히 트렌드를 따라하는 것인지, 혹은

트렌드를 앞서가는 사람인지를 볼 수 있습니다.

가상인간 로지는 '자연을 경외하고
탐험을 즐기며 환경을 생각하는
건강한 20대'의 페르소나가
될 수 있을까?

이를 통해 우리는 그들이 정말로 원하는 것이

무엇인지를 알 수 있습니다. 단순히 고객들의 구매 제품,

구매 금액, 구매 주기 같은 데이터만으로는 고객을

이해하고 이 고객을 제대로 분류할 수 없기 때문입니다.

■■■■ 최근 MZ세대의 부상으로 MZ세대에 어떻게 대처해야 할지가 기업의 이슈입니다. 그런데 이 세대를 이해하기 위해 기업이 기존에 해왔던 멘토링처럼 상사와 직원을 매칭해 직원의 고민을 듣는다면 효과를 발휘할까요? 개인의 가치를 중시하는 MZ세대에게 이런 방식은 효과적이지 못할 가능성이 높습니다. 정말 그들이 원하는 것을 알고 싶다면, 역으로 그들이 상사를 멘토링하는 것은 어떨까요? 기업이 고객을 제대로 이해하기 위해 단순히 고객 인터뷰나 설문조사를 하는 것에 벗어나 제품 개발에 고객을 참여시키는 것처럼 말이죠. 그래야 정말 고객이 원하는 것을 알 수 있습니다.

이러한 '리버스 멘토링'이 MZ세대를 이해하기 위한 방법의 하나로 기업에서 도입되고 있습니다.[35] 더 나아가 빠르게 돌아가는 산업에서는 MZ세대를 이해하기 위해 기업 내 젊은 직원이 경영진을 코칭하고 조언을 합니다. 예를 들어, 마이크로소프트는 리버스 멘토링을 두 달에 한 번 진행합니다. 리버스 멘토링을 통해 경영진은 MZ세대를 이해하고 자신의 커뮤니케이션 스타일에 대해 돌아본다고 합니다.

■■■■ 구찌는 시장 변화에 대응하기 위해 리버스 멘토링을 도입한 경우입니다. 패션은 변화에 민감합니다. 이런 변화에 빠르게 대응하기 위해서는 젊은 세대를 이해하는 게 필수지요. 그래서 구찌는 '그림자

위원회Shadow Committee'라는 것을 만들었습니다.[36] 이

위원회는 30세 이하 직원들로 구성되어 있으며, CEO가

경영진과 논의한 것을 다시 논의합니다. 새로운 관점으로

주요 이슈를 보기 위한 것이지요.

구찌는 '구찌 플레이스Gucci Places'라는 프로젝트를

진행하고 있는데, 이는 그림자 위원회에서 나온

아이디어입니다. 이 프로젝트는 구찌라는 브랜드가

영감을 얻는 전 세계의 장소를 알려줌으로써 구찌의

취향과 가치를 자연스럽게 전달합니다.

2017년 구찌 플레이스로 선정된 런던의

매종애슐린Maison Assouline과 거기에서 영감을 얻은

제품들을 한번 살펴볼까요?

구찌 플레이스 런던에서

영감을 받은 매종애슐린 제품들
(출처: https://www.assouline.com/pages/
gucci-places)

이 프로젝트도 어쩌면 구찌라는 제품을 구매하는

고객이 정말로 알고 싶은 것을 알려주기 위한

것일지도 모릅니다. 고객은 제품이 아닌 브랜드를 사기

때문입니다. 이런 혁신 활동의 결과, 2015년 취임한

CEO 마르코 비자리Marco Bizzarri는 구찌에게 사상 최고의

전성기를 선물할 수 있었습니다.

■■■■ 결국 우리가 고민해야 할 것은 "고객이 진짜로 원하는 것을 알기 위해 우리는 어떻게 해야 할까?"입니다. 이를 고민하면서 기존에 자신이 가지고 있던 관점을 전환해 새로운 눈으로 기존의 세상을 바라보는 연습이 필요합니다.

리버스 멘토링처럼 기존의 틀을 바꾸는 것도 조금만 시선을 바꾸면 됩니다. 계속 밀고 나가려는 관성에서 벗어나 때론 비탈길을 가보기도 하고, 때론 전혀 가보지 않은 길을 걸으며 새로운 것을 찾아보려는 노력이 필요합니다.

관점 전환을 위한 생각 습관

1 고객이 진짜로 원하는 것을 생각해보세요.

2 고객이 겉으로 말하는 것이 아닌 숨기고 있는 것은 무엇일지 고민해보세요.

3 제품과 서비스가 고객에게 어떤 의미인지를 찾아보세요.

18

빨래
듣고 싶은
이야기를
들려준다

집에서 빨래를 한 후 빨래가 마르면 옷을 개야 합니다. 주말에 TV를 보면서 옷을 개긴 하지만 귀찮은 일 중의 하나입니다. 거기다 육아를 하면 매일 빨래를 개야 해서 힘들기도 합니다. 만약 옷을 개주는 가전제품이 있다면 어떨까요? 사고 싶을까요?

일본의 세븐드리머스Seven Dreamers라는 회사는 사람들이
귀찮아하는 이런 일을 대신해주는 제품을 개발했습니다.
인공지능 기반의 로봇 론드로이드Laundroid입니다.[37] 이
로봇은 다음 사진처럼 생겼습니다. 외관은 세련된 일반
가전제품처럼 생겼죠.

▷ 세븐드리머스의 론드로이드

일본 최대 주택건설사인 다이와하우스Daiwa House의
투자를 받아 파나소닉과 공동제작한 세븐드리머스의
론드로이드는 '세계 최초'의 옷 개주는 로봇으로

2018년 CES에서 공개되었습니다. 하단에 옷을 넣으면
이미지 인식 기술을 통해 론드로이드가 옷의 형태를
인식하고, 매장과 동일한 형태로 옷을 개줍니다. 티셔츠
하나를 개는 데 5~10분 정도가 소요되고, 가격은 1만
6,000달러입니다.

옷을 개주는 최첨단 로봇, 구매하고 싶으신가요? 주변에
물어보면 대부분 이 제품을 구매하지 않겠다고 말합니다.
그 이유는 무엇일까요? 바로 높은 가격 때문입니다.
몇천만 원짜리 제품을 구매할 수 있는 사람이 얼마나
될까요? 그것도 옷을 개기 위해서. 더 정확히 말하면 가격
대비 가치가 없기 때문입니다.
제품의 원가가 얼마이든 가격이 가치보다 높으면
사람들은 제품을 구매하지 않습니다. 그래서일까요?
이 제품은 2017년 가장 쓸모없는 IT 제품으로
선정되었습니다.[38] 2년 후 2019년 4월에 회사는 파산
신청을 했습니다.

▩▩ 기업이 생존하기 위해서는 '제품의 원가(C) < 제품의 가격(P) < 제품의
가치(V)'라는 부등식이 성립되어야 합니다.[39] 이를 생존부등식이라고 부릅니다.

기업은 V - P > 0을 이루어야 살아남을 수 있습니다. 론드로이드처럼 최첨단기술을 가지고 있고, 그런 기술을 바탕으로 신제품을 개발한다고 살아남을 수 있는 것이 아닙니다.

그런데 많은 기업들은 제품의 스펙을 강조합니다. 제품소개서를 보면 어떤 기능이 타사보다 더 우월하다는 데이터를 제시하죠. 그런데 그런 데이터를 이해하는 사람이 얼마나 많을까요?

예를 들어, 우리가 항상 가지고 다니는 스마트폰에는 카메라가 달려 있습니다. 그런데 카메라 화소가 다른 제품보다 조금 높다는 것이 그 스마트폰에 가치를 부여해줄까요? 1,500만 화소와 2,000만 화소의 차이가 사람들이 느낄 수 있는 차이와 함께 가치를 부여해줄까요? 오히려 화소보다 사진을 찍었을 때 타사 제품보다 더 감성적인 느낌의 사진이 나온다면 어떨까요? 더 선명한 것과 더 감성적인 느낌 중 어떤 사진을 원하냐고 사람들에게 물었을 때, 어떤 것을 선택할까요?

우리가 이런 질문을 던지는 것은 결국 사람들이 어디에 가치를 더 두는지 알고 싶어서입니다. 제품 스펙 같은 숫자를 원하는 게 아닙니다.

■■■ 우리는 제품의 '특징(스펙)', '장점', '혜택' 중 '혜택'에 초점을 맞추어야 합니다. 화소가 고객에게 가치 있다는

것을 설명하고 싶다면 어떻게 해야 할까요? 제품의
'스펙'은 2,000만 화소입니다. '장점'은 타사보다 500만
화소가 더 높아 사진이 더 선명합니다. '혜택'은 가족,
친구, 연인들의 추억을 더 아름답게 만듭니다. 여러분이
제품의 스펙을 강조하고 싶다면, 이렇게 혜택이 주는
'가치'에 중점을 두어야 합니다.

특히 기술 스타트업들은 가치를 제시해야 합니다.
제품이나 서비스를 이용하는 사람은 대부분 일반
사람이기 때문입니다. 그런데 많은 기업들이 일반인들은
이해하기 힘든 수많은 데이터를 보여주죠.
눈이 좋아지는 약이 있다고 생각해볼까요? 그럼 대부분
루테인을 떠올립니다. 그런데 수많은 루테인 약 중
여러분은 어떤 기준으로 루테인 약을 선택하나요?
제품 하나하나의 성분을 다 보나요? 대부분의 사람들은
제품의 스펙을 자세히 보지 않습니다. 단순히 루테인이
'눈을 좋아지게 만든다'라는 가치만 생각할 뿐입니다.

■■■ 이런 가치에 중심을 둔다면, 우리는 시장을 새롭게 볼 수도 있습니다. 최근의
플렉스flex 문화를 살펴볼게요. 플렉스는 '근육에 힘을 주다'라는 뜻으로 MZ세대

사이에서는 '과시하다'라는 의미로 사용됩니다.

그들은 자신이 가장 중요하고, 자신이 사고 싶은 것에 대해서는 돈을 아끼지 않는 특성을 보입니다. 그래서 명품시장에서 20대가 부상하고 있습니다. 현대백화점의 경우 명품 분야에서 20대의 매출은 2015년 8.7%에서 계속 증가해 2017년 21.3%, 2018년 28.5%의 증가율을 보였다고 합니다.[40] 반면 40대는 2018년 6.9%, 50대는 7.1%로 나타났습니다.

이런 결과는 명품에 대한 20대의 인식에서도 알 수 있습니다.

대학내일20대연구소는 2019년 8월 전국의 만 15~34세를 대상(최근 6개월 내 패션 제품 구매 경험자 500명)으로 설문조사를 실시했습니다. 그 결과 "명품은 내 만족을 위해 사는 것이다"에 동의하는 비율이 만 15~18세는 83.3%, 만 19~24세는 71.5%, 만 25~29세는 79.9%로 높게 나타났습니다. 또 "명품 구매는 과소비라고 생각한다"에 대해서는 30대보다 20대 이하에서 비동의 및 보통의 비중이 높았습니다.

20대가 추구하는 가치는 《밸류 프로포지션 디자인》에서 제시한 고객의 주요 활동 중 멋지게 보이거나 사회적 영향력과 지위를 얻기 위한 사회적 활동에 가깝습니다. 만약 우리가 20대가 중시하는 가치가 아닌 연령이나 구매력에 대해서만 고민했다면 명품시장에서 20대를 대상으로 하는 마케팅을 펼칠 수 있을까요? 그들이 왜 명품을 구매하는지, 그 구매를 통해서 자신의 어떤 가치를 충족시키고 싶은 것인지를 안다면 시장에서 더 좋은 결과를 얻을 수 있지 않을까요?

영어에 "What's in it for me?"라는 말이 있습니다. "나에게 어떤 이익이 있는가?"라는 뜻입니다. 우리는 고객에게 여러분의 제품과 서비스가 어떤 가치가 있는지 항상 고민해야 합니다. 그래서 프레젠테이션 전문가들은 이 말을 "What's In It For You?"라고 바꿔 항상 상대방 관점에서 생각하라고 합니다. 제리 와이즈먼Jerry Weissman은 이를 위피WIIFY라고 이야기합니다.[41] 예를 들어, 병원에 아파서 갔는데 의사가 전문용어로 병의 수치에 대해서 설명한다면 어떤 생각이 들까요? '그래서 지금 심각하다는 거야?', '병원에 입원해 수술을 받아야 한다는 거야?' 등의 생각이 들지 않을까요?

결국 고객이 받는 혜택, 즉 가치에 집중할 필요가 있습니다. 그래서 기술적인 제품 및 서비스의 특징을 강조하지 말고 고객이 정말로 듣고 싶은 이야기를 해줘야 합니다.

관점 전환을 위한 생각 습관

1 C < P < V 생존부등식을 자사 제품과 서비스에 적용해보세요.

2 '특징'과 '장점'이 아닌 '혜택'에 집중해보세요.

3 고객이 느끼는 가치를 고민하며 위피에 답해보세요.

가치에 중심을 둔다면,

우리는 시장을

새롭게 볼 수도 있습니다.

19

소화기 의미를 구체화한다

세상은 끊임없이, 심지어 빠르게 변하고 있습니다. 그래서 현재 세상을 사람들은 VUCA로 표현합니다. VUCA는 변동성(Volatility), 불확실성(Uncertainty), 복잡성(Complexity), 모호성(Ambiguity)의 약자입니다. 이런 세상에서 우리는 어떤 정보를 빠르게 수집해서 대응하는 것도 좋지만, 그런 변화의 의미를 아는 것이 더 중요합니다. VUCA 시대에는 의미를 발견하는 능력이야말로 조직의 리더가 갖춰야 할 자질입니다.[42)]

현상을 이해하고 의미를 부여하는 능력을 '센스메이킹sense making'이라고 부릅니다.[43] 이 능력은 단순히 어떤 선택에 대한 평가보다 해석을 중시합니다.

여러분은 분명 하루에도 수많은 결정을 합니다.
이런 결정에 대해 잘했다, 못했다고 평가하기보다
나의 결정과 판단이 어떤 의미를 가지는지 생각해봐야
합니다. 그래야 이런 유사한 상황에 다시 한 번 처했을 때
더 올바른 결정을 할 수 있기 때문입니다.

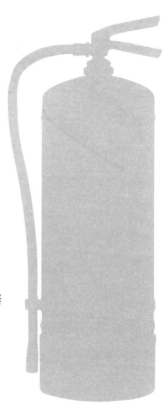

1949년, 미국에서는 산불 진화를
위해 투입된 대원 15명 중 12명이
사망하는 안타까운 사건이 발생했습니다.
'맨협곡 화재 사고'로 불리는 이 사건은
소방대장과 대원들 간의 신뢰 부재가 빚은
참사였습니다.[44]
당시 상황은 협곡에서 불어오는 강풍으로 인해
산불을 제압하기 어려운 상태였습니다. 그래서
와그너 닷지 소방대장은 불에 탈 수 있는 물질을
미리 태워 대피 공간을 마련하는escape fire,
당시로서는 창의적인 방식으로 대응했습니다.

그는 자신의 뒤편 산등성이에 불을 지르며 대원들에게 장비를 버리고 대피

공간으로 이동하라고 지시했습니다.

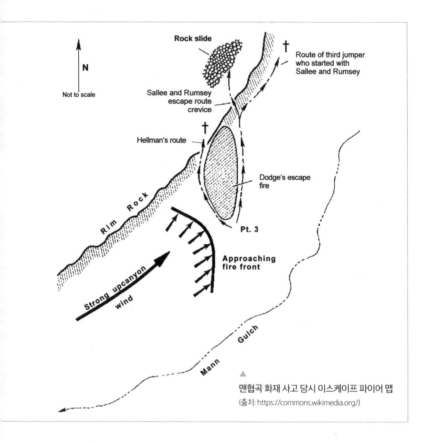

맨협곡 화재 사고 당시 이스케이프 파이어 맵
(출처: https://commons.wikimedia.org/)

하지만 소방대장의 명령은 대원들에게 전혀 타당하지make sense 않았습니다.

다가오는 불길을 피하는 게 아니라 새로운 불을 놓고 장비를 버리라니…. 듣도

보도 못한 지시에 소방대원들은 혼란에 빠졌습니다. 결국, 소방대장과 함께 대피 공간으로 이동한 대원 두 명을 제외한 전원이 사망하는 참사로 이어지게 되었습니다.

와그너 닷지는 원래 기지 운영 담당으로 현장 대원들과의 교류가 거의 없었으며, 대원들도 첫 출동인 경우가 대부분이었습니다. 서로 간의 신뢰가 없던 상태였던 것이지요. 소방대장과 대원들이 평소 잘 알고 있었다면 서로의 행동과 말이 어떤 의미인지 쉽게 파악할 수 있었을 것이고, 이런 참사도 발생하지 않았을 것입니다. 운동선수들이 빠르게 진행되는 경기 속에서도 호흡을 맞추는 것처럼요.

▰▰▰ 의미를 분석하기 위해서는 상황에 대한 깊이 있는 이해가 필요합니다. 단순히 현상을 보는 것만으로는 힘들죠. 그래서 현상을 치밀하게 해석하고 생각해봐야 합니다. 그 현상 속에 있는 수많은 사람들과 이야기하며 그들의 감정과 생각을 읽어야 합니다. 그래야만 그들의 행동이 어떤 의미인지를 알 수 있습니다. 상호 간의 교류가 없다면 맨협곡 사고처럼 현상을 제대로 파악하지 못하고, 현상에 대해 제대로 된 판단을 알려준다 해도 신뢰가 없어 따르지 않을 가능성이 높습니다.

현상을 제대로 파악하려면 무엇이 필요할까요? 바로 이 문장입니다.

"그래서 뭐?"

우리가 누군가가 말할 때, 불만이 있으면 "그래서 뭐?"라는 말을 합니다. 그런 것처럼, 어떤 현상에 대해 "그래서 뭐?"라는 말을 던지며 의미를 찾아가야 합니다. 예를 들어, 'Z세대는 기존 세대보다 자신을 위한 삶을 산다'고 가정해보죠. 이 말 자체는 추상적입니다. 그럴 때 "그래서 뭐?"라는 질문을 던져보며 의미를 구체화할 수 있습니다.

Z세대는 기존 세대보다 자신을 위한 삶을 산다.

▼

직장 밖 삶을 중시한다.

▼

자신과 취향이 맞는 사람과 관계를 맺는다.

▼

트레바리, 취향관 등 취향 비즈니스가 뜬다.

▲ "그래서 뭐?"를 통한 의미 구체화

이런 의미 구체화는 관점에 따라 '자신'이 달라질

수 있습니다. 왜냐하면 우리가 어떤 현상을 한 가지

관점에서만 보는 것이 아니기 때문입니다.

▬▬ 기획서를 쓸 때도 사실 "그래서 뭐?"를 잘 활용해야 합니다. 다음 세 개의

문장을 보죠.

- 유기농 식품의 시장 규모가 성장하고 있습니다.
- 경쟁사는 모바일 중심의 유기농 식품몰을 오픈했습니다.
- 고객들은 온라인이나 모바일로 제품을 구매하는 것을 선호합니다.

이 세 개의 문장을 나열만 하면 될까요? 그렇지 않죠. 의미 도출을 위해서는 "그래서

뭐?"를 통해 결론을 이야기해야 합니다. "우리 회사도 고객들이 모바일로 쇼핑할 수

있는 앱을 만들어야 합니다" 혹은 "우리는 오프라인도 중요하기 때문에 온라인과

연계해 구매를 촉진할 수 있는 방법을 고민해야 합니다"라는 결론(의미)을

제시해야 합니다.

조금 더 생각해볼까요? 한 회사의 입사 경쟁률이 10:1이라고 해볼게요. 이 경쟁률은

높은 것일까요, 낮은 것일까요? 이 자체만으로는 쉽게 판단할 수 없습니다. "그래서

뭐?"라는 질문을 해볼까요? 그러면 "지난해 경쟁률 30:1 대비 낮아졌습니다"라고

말할 수도 있고, 더 나아가 "내년도를 대비해 회사 홍보의 문제점에 대한 분석이 필요할 것 같습니다"라고 말할 수도 있겠네요.

■■■■ 단순히 현상만 가지고서는 할 수 있는 것이 없습니다. 그것을 해석하고 의미를 부여하는 작업이 필요합니다. 즉, 현재 상황을 감지하고 이를 자신만의 관점으로 해석해 어떤 의미를 찾는 작업이 필요한 것입니다.[45] 정리하면, 다음과 같습니다.

1. 현상을 파악한다.
2. 관점을 설정하고 관점에 맞춰 현상을 분석한다.
3. 현상 분석을 통해 의미를 도출한다.

결국 "그래서 뭐?"는 우리가 보는 수많은 현상을 하나로 집중시킵니다. 수많은 데이터 속에서 의미를 찾는 것처럼 말이죠.

■■■■ 앞서 우리는 위피에 대해 말했습니다. 위피 또한 "그래서 뭐?"라고 묻는 것입니다. 우리 제품이 가지고

있는 특성 수십 개를 말한다 해도 고객 관점에서는 '그래서 그게 뭐 어쨌다는 거야?'라는 생각을 하게 만듭니다.

처음부터 고객 관점에서 "그래서 뭐?"를 생각했다면 단순히 특성을 나열하기보다는 이 특성들의 가치를 정리해서 "우리 제품은 그래서 이런 가치를 가지고 있습니다"라고 말했을 것입니다. 특성→장점→혜택도 "그래서 뭐?"라는 관점에서 동일합니다.

만약 여러분이 어떤 제안을 한다거나 의견을 제시한다면, 상대방의 관점에서 항상 "그래서 뭐?"를 생각해보시기 바랍니다. 그러면 여러분의 제안이 어떤 의미인지 더 구체화시킬 수 있을 것입니다.

관점 전환을 위한 생각 습관

1 현상에 대해 "그래서 뭐?"라는 질문을 던져보세요.

2 현상에 대해 나만의 관점으로 고민하고 의미를 구체화해보세요.

3 현상 → 관점 및 분석 → 의미 도출의 프로세스를 적용해보세요.

20

아이스크림

니즈와 본질의

차이를

인지한다

▬▬ 동네 고깃집에서는 고객들에게
아이스크림을 무료로 제공합니다. 그런데
아이와 아내는 고깃집에서 고기를 먹고는
항상 편의점 아이스크림만 찾습니다.
편의점에서도 다른 아이스크림이 많은데,
금수저도 고민하게 된다는 하겐다즈만
찾습니다. 다른 아이스크림보다 맛있다는 겁니다.
다른 아이스크림보다 몇 배는 더 비싼데 말이지요.

사람들은 이처럼 어떤 선택을 할 때, 자신에게 좀 더 가치 있는 제품을 선택합니다. 도대체 제품의 어떤 속성 때문에 사람들은 그 제품을 선택하는 것일까요?

사람들은 단순히 "제품이 이런 특성이 있어서 이 제품을 사기로 했어"라고 말하지만, 그 중간에는 분명 선택을 내리게 한 어떤 '의미'가 있습니다. 앞서 예로든 하겐다즈에는 맛, 가격, 포장, 사이즈 등 다양한 속성이 존재합니다. 이런 속성은 제품 구매자에게 어떤 혜택을 제공해주고, 궁극적으로는 제품 구매자가 어떤 가치를 얻을 수 있는지를 알려줍니다.

▅▅▅ 다음은 하겐다즈의 가치단계도입니다.[46] 이 가치 단계를 보면 결국 사람들이 하겐다즈를 먹었을 때의 가치는 성취감, 자존감, 가족입니다. 즉, 하겐다즈의 뛰어난 맛과 감각적인 맛은 나에게 작은 사치와 보상, 더 나아가 성취감을 준다는 의미이죠.
여러분은 어떤가요? 소소한 사치품을 통해 어떤 가치를 얻나요?

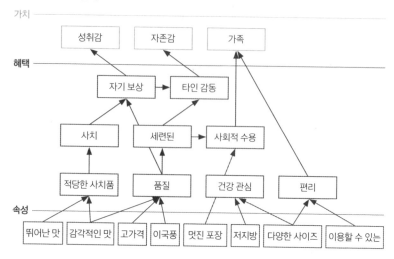

▼ 하겐다즈의 가치단계도

가치

| 성취감 | 자존감 | 가족 |

혜택

자기 보상 　타인 감동

사치　세련된　사회적 수용

적당한 사치품　품질　건강 관심　편리

속성

뛰어난 맛　감각적인 맛　고가격　이국풍　멋진 포장　저지방　다양한 사이즈　이용할 수 있는

하겐다즈의 가치단계도를 보면 가치라는 것을 찾아내기

위해 사다리처럼 올라가는 그림을 확인할 수 있습니다.

이렇게 사람들이 제품이나 서비스의 속성부터

가치까지 사다리를 타는 것처럼 조사하는 방식을

래더링laddering이라고 합니다. 이런 래더링은 인터뷰를

통해 이루어집니다.

▬▬ 이렇게 사다리를 타는 이유는 무엇일까요?

처음부터 가치를 찾으면 되는 것 아닐까요? 그렇게 할

수도 있습니다. 하지만 이렇게 사다리를 타보면 내가

생각했던 결론이 어떻게 나오는지 알 수가 있습니다. 또
나의 결론이 정말 타당한지도 고민해볼 수 있죠.

조직학습으로 유명한 하버드대학 크리스 아지리스^{Chris}
Argyris 교수는 이런 사람들의 사고과정을 보여주기
위해 '추론의 사다리ladder of inference'라는 것을
제시했습니다.[47] 앞서 본 가치단계도처럼 추론의
사다리는 수많은 데이터 속에서 의미를 찾고, 결론을

◀
추론의 사다리
(출처: commons.wikimedia.org/wiki/
File:Ladder_of_inference.svg)

내리고, 최종적으로 실행으로 이어지는 과정입니다.
이 사다리의 중간에 있는 의미는 가정과 결론을
이끌어내는 중요한 단계입니다.

단순히 데이터만으로는 의미를 도출하지 못합니다.

의미라는 것은 수많은 데이터 중 자신의 관점에 맞는 데이터를 수집하고 이를 분석하는 과정에서 발견되는 것입니다. 이 의미를 통해 세상에 대한 가정을 가지고 어떤 결론을 이끌어내죠. 그 결론이 자신의 믿음이 되고, 의사결정이나 행동에 영향을 미칩니다. 결론이 잘못되었다고 판단되면 다시 관찰을 해서 다른 의미를 도출하면 됩니다.

그래서 이런 추론의 사다리를 통해 다음과 같은 질문을 해보는 것이 중요합니다.[48]

- 어떻게 이런 결론에 도달했는가?
- 어떤 데이터를 선택했는가?
- 이를 어떻게 해석했는가?
- 구체적인 데이터에서 추상적인 해석으로 도약한 지점은 어디인가?
- 어떻게 해야 추론 과정을 분명하게 이해하고 다양한 해결책을 확인할 수 있는가?

▬▬ 요즘 작지만 소소한 행복을 즐기는 사람들이 많습니다. 특히 커피는 소확행과 관련해 자주 나오는 단어 중의 하나입니다. 커피는 사람들에게 어떤 가치를 주는

것일까요? 그리고 어떤 속성 때문에 그런 것일까요?

매장에 따라 속성과 혜택은 다를 수 있지만, 결국 커피는 사람들에게 힐링, 자기충족감, 자존감, 자기위로 등의 가치를 준다고 볼 수 있습니다. 예를 들어, 동네 프리미엄 카페에 가서 커피 한 잔을 마신다면, 카페의 멋진 인테리어와 분위기가 기분 전환과 휴식이 되어줄 것입니다.

이런 혜택은 자신에 대해 좀 더 생각해볼 수 있는 여유를 주기 때문에 앞서 말한 가치들을 제공합니다. 주말에 카페에 가는 이유는 결국 집을 벗어나 온전히 나만을 위한 시간을 갖기 위한 것일 수도 있습니다. 커피 한 잔을 마셔도 힐링이 될 수 있는 여유로운 공간에서 즐기고 싶은 것이죠.

또 다른 것도 생각해보죠. 왜 사람들은 다이어트 음료를 마실까요? 어떤 가치를 원하는 걸까요? 자존감? 삶의 행복? 성취감? 아니면 정말 단순히 건강 때문일까요? 사람에 따라 다를 수 있습니다. 여러분 스스로 다이어트 음료에 대한 속성 → 혜택 → 가치로 올라가는 추론의 사다리를 한번 그려보면서 생각해봅시다.

■■■■ 사람들이 표면적으로 말하는 니즈와 그 밑에 숨겨진 본질은 항상 차이가 존재합니다. 우리는 이 차이에 대한 이해를 통해 새로운 의미를 발견할 수 있습니다. 《지적 대화를 위한 넓고 얕은 지식》이라는 책

제목처럼, 사람들은 어떤 공부를 할 때 단순 지식 습득의
의미도 있겠지만 교양 있는 사람처럼 보이려는 생각도
있습니다. 우리는 그런 의미 분석을 통해 사람에 대해 한
단계 더 이해할 수 있습니다. 그리고 본질을 찾아갈 수
있습니다.

관점 전환을 위한 생각 습관

1 평소 내가 하는 행동이 어떤 의미를 갖는지 생각해보세요.

2 현상보다 본질에 집중해 의미를 찾아보세요.

3 내가 좋아하는 제품이나 서비스의 속성 → 혜택 → 가치라는 사다리를 그려보
세요.

MZ세대가

다이소에서 찾은 가치는?

지금까지 우리는 의미에 대해 이야기를 나눴습니다. 사다리 타기, 가치, 혜택이란 단어를 중심으로 사람들이 정말로 추구하는 것이 무엇인지를 보는 것이 중요하다고 했지요.

기사를 통해 직접 가치단계도를 그려봅시다. 다음 기사는 MZ세대와 다이소에 관한 기사입니다. 불황에도 불구하고 MZ세대에게 다이소가 인기라고 합니다. 기존 세대와 다른 가치를 추구하는 그들에게 다이소는 어떤 가치가 있는 걸까요?

불황에 다이소 같은 초저가 제품을 파는 상점이 인기를 얻는 것은 소비의 주축이 된 MZ세대(1981년~1996년 이후 출생자)의 가처분소득 감소와도 관련이 있다. 통계청에 따르면 올 들어 젊은 가구의 월평균 가처분소득은 줄고 있다. 39세 이하 가구의 올해 2분기 가처분소득은 약 382만 원으로 1분기(401만 원)보다 5%가량(약 19만 원) 줄었다. 40~49세 가구의 2분기 가처분소득도 411만 원으로 1분기(431만 원)보다 20만 원 감소했다. (중략)

다이소는 불황에 더해 MZ세대의 소확행(소소하지만 확실한 행복), 소통 문화를 잘 파고들었다. 5,000원 이하의 저렴한 제품을 구매하면서 '돈 쓰는 재미'와 '소통하는 재미'를 느낄 수 있기 때문이다. 젊은 세대들이 소비할 때 가장 가치를 두는 두 가지 핵심 요소 '가성비(가격 대비 성능)'와 '소셜미디어SNS'를 꿰뚫었다는 평가다. (중략)

아무리 많이 사도 3만~5만 원을 넘지 않는다. MZ세대는 상품 구입 그 자체보다도 상품 구매의 전 과정과 그 과정 동안의 경험을 느끼고 여기서 얻는 즐거움을 SNS에 공유한다.[49]

다이소의 가치단계도 작성해보기

가치	주도권, 힐링, 자기충족감 등
혜택	적당한 재미, 생필품, 킬링 타임 등
속성	저렴한 가격, 다양한 제품, 넓은 매장 등

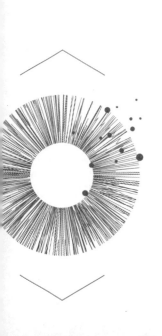

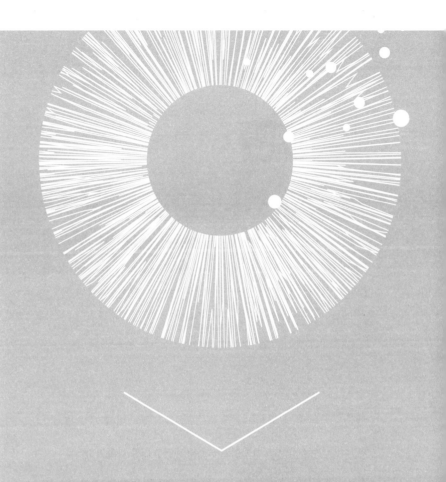

PART4 관점

21

개방

어디로

데려갈 것인가

■■■ 일을 하다 보면 모든 것을 혼자하려는 사람이 있고 다른 사람의 재능을

이용하려는 사람이 있습니다. 여러분은 이 두 사람 중 누가 더 일을 더 잘한다고

생각하나요? 그리고 누가 더 오래 할 수 있을까요?

사람의 능력에 따라 다르겠지만 후자가 일을 더 오래, 잘할 수 있습니다. 전자처럼

일을 하면 흔히 말하는 번아웃 현상이 나타납니다. 일을 하다가 신체적, 정신적인

피로가 극에 달해 무기력증이나 자기 혐오에 빠져버리게 되는 것이죠.

▬▬ 기업 또한 마찬가지라고 생각합니다. 변화가 빠른

시기에 모든 것을 독자적으로 한다는 것은 효율적이지

않습니다. 예를 들어, 요즘에는 전통적인 사업에 IT 기기를

결합해 새로운 제품과 서비스를 개발하는 일이 많습니다.

그런데 IT 기기를 직접 개발한다고 하면 어떨까요? 쉽게

성공할 수 있을까요? 해당 사업의 본질이 IT 기기가 아닌 이상,

그 사업은 기업 내부에서 원활하게 추진되기 어렵습니다.

그래서 콘텐츠를 가지고 있는 기업들은 삼성 같은 업체와

제휴해 스마트 패드를 결합한 새로운 서비스를 개발합니다.

하지만 국내 제조업과 서비스업의 혁신은 여전히

폐쇄적입니다. 과학기술정책연구원의 2018년

한국기업혁신조사에 따르면 국내 제조업 및 서비스업은

여전히 자체 개발의 비중이 높은 것으로 나타났습니다.[50]

제조업의 경우 제품 혁신은 83.0%, 공정 혁신은 79.9%,

서비스업의 경우 상품 혁신은 68.0%, 프로세스 혁신

79.2%였습니다.

▬▬ 내부 관점으로만 생각해서는 현재 변화의 물결을

넘기 어렵습니다. 외부와의 협력을 통해 새로운 것들을

지속적으로 개발하고 회사의 지속가능성을 높여야

합니다. 그래서 인사이드가 아닌 아웃사이드로의 전환이

필요합니다.

헨리 체스브로는 '오픈 이노베이션'을 말합니다.[51]

과거에는 지식이 독점되어 있었지만 점점 지식의 독점은

완화되고 있고, 기업이 변화에 대응하기 위해서는 개방이

필요하다는 것입니다.

다음 그림처럼 오픈 이노베이션에서 기업들의 영역은

실선이 아닌 점선으로 되어 있습니다. 기업이 보유하고

있는 지식은 점선을 넘나들며 서로 융합해 새로운

시장을 만들어냅니다.

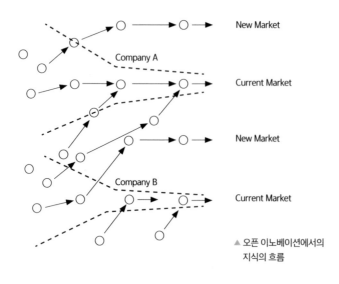

▲ 오픈 이노베이션에서의
지식의 흐름

▬▬ P&G는 개방형 혁신의 대표 주자로 C&D$^{Connect\&Develop}$ 개념을 2000년부터 도입했습니다. 외부 협력을 통해 제품 개발 기간을 단축하고 혁신적 제품을 개발해오고 있지요.[52] 오랄비 전동칫솔 펄소닉의 경우 C&D를 통해 일본에서 협력사를 발굴해 개발 기간을 5년에서 1년으로 단축시킬 수 있었습니다. 팬틴의 네추럴케어 샴푸의 친환경 포장재 또한 C&D 사례입니다. 이 포장재는 브라질 화학기업 브라스켐^{Braskem}과의 협업을 통해 사탕수수에서 고밀도 폴리에틸렌 플라스틱을 만들어 재활용이 가능하게 했습니다.

P&G는 지금도 C&D 사이트를 통해 조직 내 제품 개발의 문제를 해결하고 새로운 혁신 아이디어를 찾고 있습니다. 이 사이트에서는 다음과 같이 P&G가 혁신에 있어 협력을 얼마나 가치 있게 여기는지를 제시하고 있습니다.

"It's a fact: collaboration accelerates innovation. In an increasingly connected world, the biggest business wins come from working together. When we partner externally, inspiration and innovation-and mutual value creation-are at our fingertips."

협력이 혁신을 가속화시킨다는 것은 명백한 사실입니다. 연결성이 강화되는 세상에서 가치 있는 비즈니스는 협업을 통해 이루어집니다. 우리가 외부 파트너와 관계를 맺을 때 상호 가치가 창출되며, 영감과 혁신이 우리에게 다가옵니다.

인사이드에서

아웃사이드로

전환이 필요하다.

▓▓▓ 한번 여러분 주위를 둘러볼까요? 수많은 기업들이 다른 산업에 있는 기업들과 함께 제품과 서비스를 개발하고 있습니다. 최근에는 대기업들이 스타트업과의 제휴 혹은 투자를 통해 조직 내에서 생각하지 못한 새로운 사업 아이디어를 발굴하고 최신 기술을 획득하기 위해 노력하고 있습니다. 핀테크^{fintech}, 에드테크^{edtech} 등 산업에 테크가 붙은 일은 이제 일상이 되었습니다.

이제 기업은 더 이상 자신이 가지고 있는 지식과 노하우만으로는 지속가능하기 어려운 상황이 되었습니다. 제품의 수명주기가 단축되고 있고, 패러다임의 변화가 수시로 이루어지고 있기 때문입니다.

우리는 개방을 통해 아웃사이더의 시각을 흡수할 필요가 있습니다. 더 나아가 그들이 가지고 있는 새로운 관점을 획득하기 위한 모방 전략이 필요합니다. 하늘 아래 새로운 것은 없습니다. 프랑스의 영화감독이자 비평가인 장 뤽 고다르는 "무언가를 어디서 가져왔는지는 중요하지 않다. 어디로 데려가느냐가 중요하다"고 말합니다.

▓▓▓ 일본의 위메이크^{Wemake}는 아이디어와 기술을 가진 개인을 기업과 연결해주는 플랫폼입니다. 기업들이 어려움을 겪고 있는 과제를 공개하면 이를 개인이 해결해서 공동으로 새로운 것을 창조하는 것이지요.

기업은 항상 새로운 아이디어에 목말라 있습니다. 그에

반해 사업화 실행력과 보유 기술 등 기업만이 가질 수

있는 강점도 분명하지요. 아사히, 교세라, 도코모 등

다양한 기업들이 위메이크를 활용하고 있습니다.

▲ 아이디어와 기술을 가진 개인과 기업을 연결하다.(출처: 위메이크 홈페이지)

후지제록스는 '가치 있는 커뮤니케이션을 위한 미래의

솔루션'이란 과제를 위메이크 플랫폼에 제시했고,

개인들이 쏟아낸 수많은 제안 중 아이디어의 발상을

지원하는 퍼실리테이션 커뮤니케이터facilitation communicator

로봇 ROX를 채택했습니다.[53]

ROX는 아이디어 회의록을 스캔해서 저장하고 유사한 아이디어가 나오면 말해주기도 합니다. 또한 아이디어를 제시하면 아디이어에 대한 긍정적 반응을 보여줍니다. 이 제품은 2016년 도쿄에서 열린 메이크페어Maker Faire에서 처음으로 공개되었습니다.

후지제록스의 ROX 디자인과 기능
(출처: https://www.wemake.jp/concepts/434)

여러분이 외부의 아이디어를 활용하는 것은 중요하지 않습니다. 이런 활용을 통해 내가 기존에 가지고 있는 시각의 틀을 바꾸는 것이 중요합니다. 그렇지 않으면 눈앞에 보이는 것에만 집중하게 됩니다. 그리고 사일로 현상만 심화됩니다. 세상은 변하는데 조직 내부는 각기 독립적으로 움직여 소통이 되지 않고 장님 코끼리

만지는 진단만 나올 수가 있습니다.

이제는 내부자의 시각이 아닌 외부자의 시각에서 내부를 보는 것이 필요합니다.
외부자의 시각에서 본다는 것은 무엇일까요? 스스로 이런 질문을 해보는 것입니다.

- 우리 기업은 사람들에게 어떤 기업으로 인식되고 있을까?
- 조직 내 부서들은 우리 기업에 대해 동일한 목표와 인식을 가지고 있을까?
- 우리 제품과 서비스는 개발 시 생각했던 것처럼 동일하게 사용되고 있을까?
- 우리가 보유하고 있는 기술을 다른 용도로 사용할 수는 없을까?
- 다른 기업들은 우리 기업을 어떻게 평가하고 있을까?

이런 성찰적 질문을 통해 우린 외부자의 시각을 조금 더 쉽게 이해할 수 있습니다.
인사이드에서 아웃사이드로 여러분의 시각을 지금부터 조금씩 바꿔보면

어떨까요?

관점 전환을 위한 생각 습관

1 외부로 시각을 돌려보세요.

2 외부자의 시각으로 내부를 바라보세요.

3 다양한 외부의 지식과 기술을 접목해보세요.

여행

A가 아니라

B다

영화 <소공녀>의 포스터에는 이런 문장이 적혀 있습니다.

"집이 없는 게 아니라 여행 중인 거야"

보통 돈이 없어 친구 집을 전전하는 사람이 있다면, 사람들은 그가 떠돌이 생활을 한다고 여길 겁니다. 이런 관점에서는 집이 없다는 건 문제입니다. 하지만 떠돈다는 것을 여행이라는 관점에서 보면 어떨까요? 집 자체는 중요하지 않게 되죠. 영화 속

주인공 미소(이솜 분)처럼 말이죠. 여행하면서 매일 다른 사람들의 집을 방문하는 겁니다. 머릿속에서 내가 어떤 가치를 가지고 있느냐에 따라 동일한 현상도 다르게 볼 수 있습니다.

영화 포스터의 문장은 "A가 아니라 B다"라는 구조를 가지고 있습니다. 관점을 전환하기 위해서는 의식적으로 기존의 관점을 부정하는 작업이 필요합니다. 고정관념이란 게 쉽게 바뀌지 않기 때문입니다. 이렇게 관점 전환을 하기 위해 가장 좋은 방법은 무엇일까요? 바로 '질문'입니다.

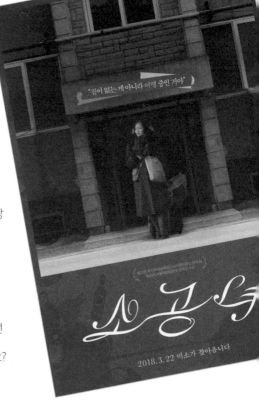

<소공녀> 포스터의 문장 또한 이런 질문을 던져서 가능한 게 아닐까요?

- 집이 없는 게 문제인가?
- 다른 사람들의 집을 전전하는 건 또 다른 경험이 아닐까?

이런 질문을 하지 않으면 사실 우리는 자신이 가지고
있는 생각을 잘 바꾸지 않습니다. 누군가 문제를
제기해도 자신의 경험과 지식에 의해 만들어진 그
생각이 쉽사리 무너지지 않죠. 그래서 그런 생각이
고착화될수록 편향적이기 쉽습니다.

여러분은 50대 이상의 세대가 어떤 라이프스타일을 즐길 거라 생각하나요?
집에서 편히 쉬면서 노년을 즐긴다? 최신 트렌드와 상관없이 기존의 삶을
유지한다? 자신도 이제 늙었다고 생각하고 나이에 맞는 옷만 입는다?

만약 이런 질문을 던져보고 고민해보지 않았다면 과거의 노년층을 떠올릴
것입니다. 하지만 이런 노년층에 대해 최근에는 '액티브 시니어', '오팔세대'라고
부르며 기존 시니어와 다르다고 말합니다. 시니어에 앞에 붙은 액티브란 수식어
그대로, 지금의 시니어는 활기찬 인생을 살고 원합니다. 오팔세대 또한 동일한
의미를 담고 있습니다. 오팔세대는 활기찬 인생을 살아가는 신노년층Old People with
Active Lives의 약자입니다.

만약 시니어를 대상으로 한 여행사업을 한다고 했을 때, 기존의 내가 가지고
있던 고정관념으로 접근하면 어떻게 될까요? 효도여행 정도를 생각해낼 수
있습니다. 하지만 지금의 시니어들은 그런 여행을 즐기지 않습니다. 젊은 세대처럼

자유여행을 즐기길 원합니다. 그런 면에서 오팔세대를 위한 부부가 함께할 수 있는 자유여행 상품의 개발이 필요합니다.

다음은 오팔세대 관련 기사 내용입니다.

> 62세 주부 이모 씨는 34세 며느리와 살면서 옷과 신발 등을 함께 구입해서 공유하고 있다. 60대가 된 후 건강관리에 더욱 철저해진 이 씨는 체중을 10kg가량 감량하면서 30, 40대가 주로 찾는 날씬하고 세련된 브랜드의 옷을 입는다. 이 씨는 "교회 친구 8명 모임에서 4명이 골든구스 신발을 신고 있었다"면서 "젊고 트렌디한 브랜드를 찾는 주변 지인이 많다"고 말했다.[54]

어떤가요? 지금 시니어들의 라이프스타일이 보이나요? 결국 지금의 시니어들을 정의한다면 '노인'이 아니라 '사람'이라고 말할 수 있지 않을까요? 나이에 상관없이 그냥 사람으로서 그들을 본다면 생각해봐야 할 질문들이 쏟아져 나오지 않을까요?

▬▬ 엘리베이터에 거울이 설치된 이유를 혹시 알고 있나요? 엘리베이터가 처음 개발되었을 때, 사람들은 답답한 속도에 불만을 쏟아냈습니다. 만약 개발자들이

그 불만을 듣고 속도 문제를 해결하려 했다면 어떤 '문제
질문'을 던졌을까요?

"엘리베이터의 속도를 어떻게 높일 것인가?"

아마 이런 질문이었겠지요? 해결책도 '성능이 좋은
모터를 사용한다', '엘리베이터의 무게를 줄인다'와
같이 엘리베이터의 작동 원리를 분석하는 방향에서
도출되었을 것입니다. 하지만 사람들의 불만이 속도가
아닌 '지루함'에서 비롯된 것이라고 정의한다면
어떨까요? 아마 다음과 같은 질문을 하게 되지 않을까요?

"어떻게 하면 사람들이 엘리베이터에서 즐거울 수
있을까?"

▶ 문제를 재정의하면
해결책이 달라진다.

동일한 상황에 대해 문제를 재정의함으로써 해결책이

달라집니다. 엘리베이터 대중화 초기에는 거울을

설치해서 불만을 해소했고, 최근에는 재미있는 영상이나

광고가 나오는 디지털 사이니지를 설치해 사람들이

엘리베이터에서 지루해하지 않도록 하고 있습니다.

동일한 상황에 대해 다른 해결책이 나오는 거죠.

이처럼 문제를 재정의하는 것을

리프레이밍reframing이라고 합니다.

▬▬ 문제에 정답은 없습니다. 현재 상황에서 가장 적합한 방안만 있을 뿐입니다.

상황에 따라 답은 언제든지 바뀔 수 있습니다. 그렇기 때문에 우리는 문제에 대해

다양한 관점에서 질문을 던져보고 새로운 아이디어를 생각해봐야 합니다. 내가

문제를 어떻게 보느냐가 문제 해결의 핵심이죠.

과거 맥시코의 코로나Corona 맥주가 북미 시장에 진출할 때, 맥주의 정량을 맞추지

못해 당시 경쟁사인 버드와이저로부터 다음과 같은 소리를 들었습니다.[55]

"맥주의 기본인 제조 기술이 형편없다."

"나태하고 게으르며 절도라고는 찾아볼 수 없는 멕시코 회사이니 어쩔 수 없다."

여러분이 만약 코로나였다면 어떻게 대응했을까요? 빨리 정량을 맞출 수 있게 R&D에 집중할까요? 코로나는 정량의 문제는 기술적인 문제가 아니라 "멕시코의 여유와 낭만"이라고 대응했습니다. 버드와이저가 비방한 내용을 역으로 활용하며 새로운 관점에서 문제를 본거죠. 당시 상황을 '제조 기술'이 아닌 '라이프스타일' 관점에서 바라본 것입니다.

■■■■ 여러분이 원격화상회의 시스템을 만드는 회사라고 생각해보죠. 미래에는 어떤 원격화상회의 시스템이 필요할지 고민한다고 했을 때, 다음 질문 중 어떤 질문을 던져야 할까요?[56]

1. 어떻게 하면 원격화상회의를 더 잘할 수 있을까?

2. 어떻게 하면 비행기 여행의 수고를 대체할 실용적인 방법을 제공할 수 있을까?

바로 두 번째 질문입니다. 시스코Cisco의 CEO인 존 체임버스John Chambers 1번에서 2번으로 질문을 바꿔 좀 더 다양한 방법을 찾을 수 있었다고 합니다.

우리는 관점을 전환하고 본질에 집중하는 질문을 던져야

합니다. 그래야 다양한 해결책을 검토할 수 있는 기회를

얻을 수 있습니다. 만약 여러분이 올바른 해결책과

다양한 방안을 찾고 싶다면 'A가 아니라 B'라는 관점의

전환을 통해 새로운 질문을 던져보면 됩니다.

관점 전환을 위한 생각 습관

1　'A가 아니라 B다'라고 강제적으로 생각해보세요.

2　질문을 통해 관점을 전환해보세요.

3　현상보다 본질에 집중하는 질문을 던져보세요.

새벽배송 변화는 점진적이지 않다

세계 최대의 완구 전문점이자 롯데마트에서도 지점을 운영하고 있던 토이저러스가 2017년 파산신청을 했습니다. 1948년 아기용품점으로 출발한 토이저러스는 저렴한 가격과 쾌적한 매장, 다양한 상품 구성 등으로 전 세계 아이들의 사랑을 받아왔는데 어쩌다 이렇게 된 걸까요?

토이저러스는 1980년 이후 오프라인 매장을

지속적으로 확대해왔습니다. 키즈아러스, 베이비저러스

등 고객 세분화 정책을 통해 성공을 거두고 있었지요.

하지만 2000년대 들어 온라인쇼핑의 시대가

본격화되면서 토이저러스에 위기가 찾아옵니다.[57]

▶
무너져버린
장난감 천국
(출처: SBS 뉴스)

━━ 토이저러스 몰락의 배경에는 세계 최대 온라인 상거래 업체인 아마존이

있습니다.[58] 토이저러스는 사실 1990년대 후반까지 온라인에서도 유의미한

매출을 올리고 있었습니다. 1999년에는 연말 휴가 시즌에 온라인 주문이 폭발하는

바람에 35만 달러에 이르는 배송 지연 벌금을 지불해야 할 정도였고, 2000년에는

소프트뱅크로부터 6,000만 달러의 투자를 받기도 했지요. 웬만한 실리콘밸리

기업 못지않은 기대주였습니다.

하지만 토이저러스는 조금 더 편한 길을 선택합니다. 바로 아마존과의 10년

독점계약. 토이저러스는 독립적인 쇼핑 사이트 운영을 포기하고 자사의 사이트를

방문한 고객이 아마존에서 장난감을 구매할 수 있도록 연결한 것이지요.

당시만 해도 이 결정은 토이저러스에게 좋은 의사결정처럼 보였습니다. 아마존이

다른 완구회사들과 계약을 맺기 전까지는요.

온라인 최강자였던 아마존이 다른 완구회사들과도 손을 잡자 토이저러스는 소송을

제기하고 2006년 계약을 파기합니다. 소송을 통해 아마존으로부터 5,100만

달러의 보상금을 배상받고 전용 온라인 쇼핑몰을 다시 오픈했지만 이미 아마존의

쾌적한 쇼핑 환경에 적응된 소비자들은 복잡한 구매 과정 때문에 차가운 반응을

보였습니다.

이후 체험형 매장 등과 같은 다양한 돌파구를 통해 매출을 잠시 회복하기도 했지만,

아마존이라는 지름길을 선택했다 온라인 전환의 기회를 놓친 토이저러스는 결국

핵심 경쟁력만 잃고 파산에 이르게 되었습니다.

======= 토이저러스는 기존의 브랜드 명성에 기대어 사업을

추진했습니다. 온라인 환경 변화에 대응하지 않은 건

아니었습니다. 자체 쇼핑몰도 구축하고, 아마존과 온라인

유통 계약을 맺기도 했습니다. 하지만 이런 대응 방식은

기존 사고의 틀을 벗어나지 못했습니다.

환경 변화에 기존의 방식으로 대응하는 것을 '능동적 타성Active Inertia'이라고 합니다.[59] '능동'과 '타성'은 서로 반대되는 개념인데, 왜 '능동적 타성'이라고 할까요? 분명 대응은 하고 있는데, 새로운 환경에 맞는 대응을 설계해야 하는데 그렇지 못했다는 거죠.

이 개념은 런던비즈니스스쿨의 도널드 설 교수가 제시했습니다. 모든 기업들은 환경 변화에 대응을 합니다. 하지만 자신이 기존에 가지고 있던 사고의 틀에서 벗어나지 못하는 경우가 많습니다. 그래서 도널드 설 교수는 기존의 전략적 프레임은 맹점, 프로세스는 판에 박힌 일상, 관계는 족쇄, 가치는 독단적인 신조가 된다고 했습니다.[60]

▬▬ 토이저러스의 경우도 마찬가지입니다.

토이저러스의 온라인 대응은 온라인 시장 강화가 아니라 기존의 브랜드와 오프라인 매장을 강화하기 위한 부차적인 것이었지요. 최근의 디지털 전환이라는 말처럼 독자적인 온라인쇼핑몰 구축에 집중해야만 했습니다. 아마존이라는 편한 길이 아니라 조직, 프로세스, 인력, 사업구조 등에 혁신적인 변화가 필요했던 것이지요.

하지만 토이저러스는 그렇게 하지 못했고, 결국 오프라인과 온라인 모두를 잃게 되었습니다.

2019년 토이저러스는 다시 한 번 체험형 매장 토이저러스어드벤처를 통해 우리 곁으로 돌아왔습니다. 토이저러스 브랜드를 인수한 트루키즈Tru Kids의 CEO는 아이들이 디지털 경험과 아닐로그 감성을 모두 경험할 수 있는 몰입형 매장이라고 말합니다.[61] 2019년 10월 다시 개설한 웹사이트에서 이 매장의 콘셉트와 세부 시설을 볼 수가 있습니다.

▼ 토이저러스어드벤처 사이트

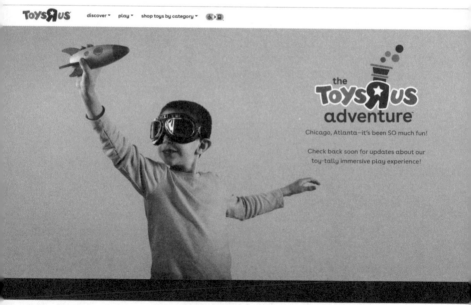

■■■■ 변화는 점진적이지 않습니다. 그래서 우리는 변화를 빠르게 파악하지 못합니다. 작은 변화들이 축적되다가 단숨에 수면 위로 급부상하면 그때서야 노를 젓기 시작합니다. 함정은 이미 배는 뒤집어지기 직전이라는 것입니다. 급격한 변화의 위험한 파도에 대응하기 위해서는 현상 유지에 집착해서는 안 됩니다. 새로운 시각, 새로운 틀이 필요한 것이지요. 세계적인 경영구루 세스 고딘은 이렇게 말합니다.

"우리는 태어난 이후 줄곧 현상 유지 훈련을 받는다. 이러한 편견은 다수를 위한 것이다. (…) 이제는 별종이 다수보다 중요하다. 왜냐하면 별종이 곧 다수이기 때문이다."[62]

이른바 별종들의 시대가 왔습니다. 아이러니하게 들리겠지만, 별종은 다수가 되고 또 다른 별종이 계속해서 나옵니다. 별종에 집중할 때 새로운 틀이 만들어집니다.

익숙했던 기존의 가정에 문제를 제기하세요. "이 사업을 위해서는 ○○이 필요하다"라는 기존의 틀을 제거해야 합니다.

마켓컬리의 '새벽배송'을 살펴볼까요? 마켓컬리의 성공 이후 대기업들도 새벽배송에 뛰어들어 경쟁우위를 확보하기 위해 고군분투하고 있지요. 저녁에 주문하면 다음 날 새벽에 도착한다니, 그게 가능하리라 생각해본 적 있나요? 아니, 그게 필요하다고 생각해본 적 있나요?

만약 기존의 인프라, 프로세스, 역량에 집중했다면 새벽배송 아이디어는 빛을 보지

못했을 것입니다.

▨▨▨ 이제는 제3자의 관점에서 바라볼 수 있는

아웃사이더가 되어야 합니다. 아웃사이더가 되어

생각지도 못했던 생각을 해내는 연습이 필요합니다.

과거처럼 변화의 물결이 천천히 와서 누구나 다 예측

가능하다면 쉽게 대응할 수 있습니다. 하지만 VUCA의

시대, 대응이란 쉽지 않습니다. 그렇기 때문에 먼저 다른

관점에서 생각해보고 접근해보는 것이 필요합니다.

실제 포춘 100대 기업 등 총 500개의 글로벌 기업에

대한 성장 히스토리를 분석한 결과, 기업의 성장 하락은

점진적으로 이루어지지 않았습니다.[63] 성장 이후

바로 급락한 것으로 나타났습니다. 그리고 주 원인은

외부환경 변화를 인식하지 못한 것이 아니었습니다.

기존의 프리미엄 포지션에 구속(23%), 혁신적 경영

실패(13%) 등 기존 사고의 틀에서 벗어나지 못한 것이 주

원인이었습니다.[64]

우리는 변화에 대응할 수 있는 충분한 역량을 가지고 있습니다. 다만 기존의 틀을 벗어나는 것이 필요할 뿐입니다. 모든 사람들이 당연하다고 생각하고 있는 것에 의문을 제기하는 연습을 하다 보면 변화를 위기가 아닌 또 다른 기회로 볼 수 있을 것입니다.

관점 전환을 위한 생각 습관

1 작은 변화들의 흐름을 엮어 새로운 관점을 찾아보세요.

2 기존의 틀이 아닌 새로운 틀로 문제에 대응해보세요.

3 기존에 가지고 있던 제약 조건에 의문을 제기해보세요.

24

키오스크

핵심을

제거한다

■■■ 김밥 한 줄을 사기 위해 동네 김밥집에 갔었습니다. 그런데 김밥을 사람이

아니라 기계가 썰고 있었습니다. 노련한 사람도 자칫하면 옆구리를 터트리는

김밥을 기계로 썰다니… 생각해보니 어쩌면 당연한 일인지도 모릅니다.

요즘에는 이렇게 기술이 사람을 대체하는 일이 많아졌습니다. 기술은

일의 효율성을 높여줍니다. 이런 효율성 때문에 무인화가 대세입니다.

패스트푸드점에는 키오스크가 2~3대씩 있습니다. 사람들은 키오스크를 통해 먹고

싶은 음식을 주문합니다.

최저임금 상승 요인도 있겠지만, 이런 무인화는 시기의 문제였습니다. 대부분의 회사가 수익성 하락에 대응하는 기존의 방식은 인건비나 재료비 등 비용을 관리하는 것이었습니다. 기존처럼 관리에만 집중했다면 인력을 완전히 제거하는 '무인화'를 생각해낼 수 있었을까요? 아마 단순히 인력을 '줄이는' 것으로 변화에 대응하지 않았을까요?

▶
관리에서
제거로!

▨▨▨ 외부의 변화가 급진적일 때, 우리의 생각도 급진적이어야 합니다. 하지만 급진적 사고는 결코 쉽지 않습니다. 우리가 점진적 사고에 익숙하기 때문입니다.

급진적 사고의 핵심은 무엇일까요? 바로 '핵심을

제거하는 것'입니다. 핵심을 제거함으로써 새로운 관점을

획득하고 기존의 틀에서 벗어날 수 있습니다. 인력이

핵심인 사업이라면, 인력을 제거했을 때 어떻게 사업을

할 수 있을지 고민하는 것이지요.

우리는 어떤 생각을 할 때 '개선'에 중점을 둡니다.

'문제' 그 자체에 집중하기 때문입니다. 하지만 이런

문제를 해결할 때 기존에 가지고 있는 자원이나 역량을

이용하려 한다면 사실 획기적인 것이 나오기 힘듭니다.

성공한 기업들은 핵심 역량을 바탕으로 성장합니다.

하지만 변화의 물결 속에 이 핵심 역량은 성공의 발목을

잡는 요소가 되기도 합니다.

CEO라면 스스로 이런 질문을 해봐야 합니다.

"만약 핵심 역량이 쓸모없어 졌거나 경쟁력이 떨어졌을

때, 우리는 무엇을 할 수 있을까? 다른 누군가가 더 좋은

계획을 실행한다면, 그리고 고객들이 우리를 저버렸다면

우리는 무엇을 할 수 있을까?"[65]

사람들은 이제 은행 점포를 이용하지 않습니다. 모바일로 대출, 이체 등이 모두 가능하기 때문입니다. 실제로 최근 은행 오프라인 지점은 계속해서 줄어드는 추세입니다. 은행연합회 공시에 따르면 국내 17대 은행의 점포 수는 2016년 7,100개에서 2021년 6월 기준 6,326개로 감소했습니다.

오프라인 지점은 은행의 핵심이었습니다. 영업과 상담, 서비스 등이 모두 오프라인 지점을 통해 제공되었기 때문입니다. 하지만 비대면이 기본이 되고 모바일 기술이 발달하면서 오프라인 지점의 필요성이 점차 약화되었고, 아예 핵심을 제거하는 방향으로 은행의 진화가 이루어지고 있지요.

그렇게 탄생한 케이뱅크, 카카오뱅크 등 인터넷 전문 은행은 기존의 은행들을 위협하고 있습니다. 송금앱으로 출발한 토스 또한 토스뱅크를 통해 세 번째로 인터넷 전문 은행에 이름을 당당히 올렸습니다. 앞으로는 기존과 다른 역량을 가진 토스 같은 스타트업들이 새로운 세상을 만들겠죠.

■■■■ 오늘 처음 입은 옷인데 저녁에 갈아입을 때 빨기도 애매하고 안 빨기도 애매한 경우가 많지요? 이런 고민을 해결해주는 제품이 있습니다. 바로 페브리즈입니다. 페브리즈로 대표되는 의류 청정제Freshener도 핵심을 버리고 성공한 사례라고 할 수 있습니다.

새 옷까지는 아니더라도, 우리는 세탁과 건조를 마친 뽀송뽀송한 옷이 주는 느낌을 사랑합니다. 그래서 매일 빨래를 돌리는 사람도 있지요. 하지만 빨래를 자주 하게 되면 옷이 금방 상합니다. 세제에 포함되어 있는 활성제 때문입니다.

세제회사 빗코Vitco Detergents는 옷감이 상하지 않으면서 하루 입은 옷도 깨끗한 느낌을 줄 수 있는 방법을 찾아냈습니다. 바로 세제에서 활성제를 '제거'하는

▼ 페브리즈 '빠지기는 빠지더라' 광고 중

것이었습니다. 사실 하루 입은 옷은 그렇게 더러워지지 않기 때문에 활성제를

제거한 제품으로도 충분히 깨끗한 느낌을 줄 수 있었던 것이지요. 빗코가 발견한

아이디어는 유니레버가 빗코를 인수한 후 제품 개발로 이어졌고, 페브리즈라는

결과물을 낳게 되었습니다.

옷을 매일 빨아 입지 않아도 새 옷처럼 입을 수 있다. 앞서 소개한 스타일러의

사례와 비슷하지요? 페브리즈와 스타일러는 '세탁'의 핵심을 버림으로써, 즉

고정관념에 도전함으로써 다른 방식의 해결책을 찾아냈습니다. 만약 '새 옷 같은

느낌을 주기 위해서는 매일 빨아 입으면 된다'라고 생각했다면 더 좋은 세제, 더

나은 세탁기 개발에만 집중했을 텐데 말이지요.

▪▪▪ 다음은 핵심을 버리는 질문들입니다. 어떤

서비스가 떠오르나요?

- 차를 구매하지 않고 내 차처럼 차를 사용하는 방법은 없을까?
- 건물을 보유하지 않고 숙박업을 할 수는 없을까?
- 헬스장 없이 헬스장 관련 사업을 하는 방법은 없을까?

이미 많은 사람들이 이용하고 있는 서비스이기 때문에

쉽게 알아차릴 수 있습니다. 첫 번째 질문과 관련한

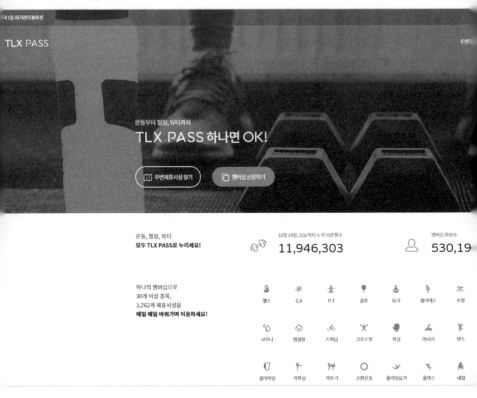

국1등 자기관리 솔루션

TLX PASS

주변

운동부터 힐링, 뷰티까지
TLX PASS 하나면 OK!

🗺 주변제휴시설 찾기   📋 멤버십 신청하기

운동, 힐링, 뷰티
모두 TLX PASS로 누리세요!

10월 14일, 오늘까지 누적 이용횟수
11,946,303

멤버십 회원수
530,19

하나의 멤버십으로
30개 이상 종목,
3,262개 제휴시설을
매일 매일 바꿔가며 이용하세요!

헬스	G.X	P.T	골프	요가	필라테스	수영
사우나	찜질방	스피닝	크로스핏	복싱	마사지	댄스
클라이밍	킥복싱	격투기	순환운동	플라잉요가	풀댄스	네일

사업은 쏘카입니다. 내가 필요할 때 차를 예약해

차량이나 주행거리에 따라 비용을 지불하면 됩니다.

두 번째는 뭘까요? 바로 에어비앤비, 야놀자입니다.

내가 원하는 현지 숙소, 펜션 등을 예약해서 이용할 수

있습니다. 세 번째는 TLX PASS입니다. 멤버십을 통해

특정 헬스장에서 벗어나 내가 원하는 지역에서 언제나

헬스장을 이용할 수 있습니다.

지금이야 이런 사업들이 매우 당연한 것처럼
보입니다. 하지만 이 사업들은 아이폰이 처음에
그랬던 것처럼 대단히 생소했습니다. 핵심을
제거하면 사람들이 기존에 가지고 있는 생각과
완전히 달라지기 때문입니다.[66]

▬▬ 변화는 빠르게 진행됩니다. 변화가
빠르다는 것은 단순히 외부환경이 빠르게
변한다는 것이 아닙니다. 사람들의 생각도
빠르게 변하고 사업의 확장 속도도 빨라집니다.
그래서 이제는 빅뱅 파괴의 시대에 들어섰다고
이야기합니다.[67]

이 시대에서는 제품 및 서비스의 확산이 급진적으로
이루어집니다. 초기 사용자에서 바로 그 밖의 모든
사람들로 빠르게 확산되면서 거의 수직에 가까운 곡선의
모습을 그립니다. 과거에는 혁신가, 초기 사용자, 초기
다수사용자, 후기 다수사용자, 지각사용자 순으로 갔지만
이제는 그렇지 않습니다.

지금 우리가 이용하고 있는 스마트폰부터 시작해 다양한 스타트업 서비스들이 너무나 빠르게 확산되고 있습니다. 이런 시대에 기존에 가지고 있던 핵심에만 몰입한다면 새로운 것들을 놓칠 수가 있습니다.

인사이더의 시각을 버리고 새로운 관점을 통해 기회를 창출하고 싶다면 다음과 같이 해보는 게 어떨까요?[68]

- **통념: 기존에 사업에 필요하다고 생각되는 것은 무엇인가?**
- **가설: 만약에 ~하면 어떨까? (통념에 반하는 질문)**
- **통찰: 통념을 벗어났을 때, 어떤 인사이트가 있을까?**
- **기회: 통찰을 통해 얻을 수 있는 사업 기회는 무엇인가?**

관점 전환을 위한 생각 습관

1 사업의 핵심 요소를 제거해 새로운 기회를 찾아보세요.

2 통념을 거부하고 새로운 가설을 생각해보세요.

3 제품 및 서비스의 생명주기를 그려보세요.

25

유모차

아웃사이더를

찾는다

■■■ 관점을 전환하지 못하는 가장 큰 이유 중의

하나는 자신의 업종 내에서만 생각하기 때문입니다.

동일한 경험과 지식을 가지고 있는 사람들이 모였을 때,

혁신적인 사고가 나올 수 있을까요?

혁신과 융합을 이야기하지만, 사람들은 자신과 유사한

생각을 가진 사람들을 좋아합니다. 그러다 보니 자신의

업종에서 생각해보지 못한 혹은 이상하다고 생각한 것에

대해서는 이렇게 이야기합니다.

"우리 업종은 달라"

그래서 "내가 만든 게 아니라면 좋은 것이 될 수 없다"고
믿는 NIH[Not Invented Here] 증후군이 나타납니다.[69]

▄▄▄▄ 사실 이런 현상은 조직 내에서도 일어납니다. 바로 사일로[Silo]입니다. 조직
내 사업부서 혹은 기능부서별로 자신의 영역 중심으로 생각하는 것이죠. 그래서
사일로 현상을 타파하기 위해 다양한 기능부서의 인력들을 모아 팀을 만들고
새로운 아이디어를 창출하려고 합니다. 하지만 이 모든 것은 결국 동일한 산업 내에
있는 사람들끼리 이루어집니다.

새로운 관점을 얻기 위해서는 '크로스오버'가 필요합니다.[70] 크로스오버는
음악에서 독립된 장르를 서로 뒤섞은 장르를 말합니다. 기업 입장에서는, 다른
산업의 아이디어를 자신의 산업에 적용해보는 것입니다.
예를 들어, 여러분이 패션산업에 종사하고 있다면 다음과 같이 질문을 던져보는
것입니다.

- 네이버라면 어떤 방식으로 의류를 판매할까?
- 스타벅스라면 매장의 공간 구성을 어떻게 할까?

- 애플이라면 의류 디자인을 어떻게 할까?
- 아마존이라면 의류 쇼핑몰을 어떻게 운영할까?
- 에어비앤비라면 패션사업의 운영 방식을 어떻게 바꿀까?
- 구글이라면 우리 제품을 어떻게 홍보할까?

이런 질문을 통해 평소 해당 산업에서의 사고법에서 벗어나 다른 혁신 기업들의 사고를 가져오는 것입니다. 3D 프린팅을 가지고 옷과 신발, 심지어 집을 만들 수 있듯이, 이미 우리는 우리가 정의한 하나의 산업 속에서 살고 있지 않습니다. 산업을 넘나드는 기술로 인해 기존에 정의한 산업은 혁신의 물결 속에 일렁이고 있습니다.

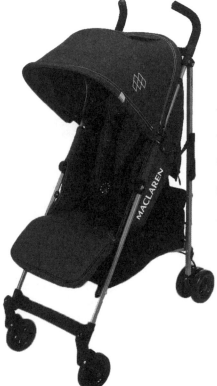

어린 자녀가 있는 사람들은 유모차가 필수입니다. 이 유모차는 차 트렁크에 들어가야 해서 접이식 혹은 분리식으로 되어 있습니다. 여러분이 이용하는 유모차가 접이식이라면, 이 아이디어는 어디서 나왔을까요? 잠시 생각해보시기 바랍니다.

접이식 유모차는 비행기

엔지니어이자 조종사였던 오웬 맥클라렌Owen Maclaren이

개발했습니다.[7]] 비행기는 이륙할 때 바퀴를 비행기

동체 안에 넣습니다. 그리고 착륙할 때는 다시 바퀴가

내려옵니다. 공간의 효율성을 극대화하는 이런 비행기의

모습에서 접이식 유모차 아이디어가 탄생했습니다.

■■■■ 또 다른 사례를 생각해볼까요? 스마트폰회사인데

레고에서 아이디어를 얻는다면 어떤 제품을 생각할 수

있을까요? 구글은 모듈식 스마트폰

'프로젝트 아라Project Ara'를 진행했습니다. 레고 블록처럼

스마트폰도 블록 형태로 만들어보는 것이죠.

▼ 스마트폰도 내 맘대로 조립할 수 있다면?

2013년 구글이 모토로라를 인수하면서 등장한 이 프로젝트는 다양한 모듈을 아라 프레임에 꽂을 수 있도록 만드는 것이었습니다. 다만 이 프로젝트는 '어른의 사정'으로 2016년에 개발이 중단되었습니다. 시제품 공개 행사에서 부팅 오류가 발생하기도 했고, 낙하 시험을 통과하지도 못했다는 루머도 있었지요. 하지만 언젠가는 다시 이런 스마트폰이 만들어질 것입니다.

이처럼 다른 산업의 관점에서 생각해보면 아웃사이더가 될 수 있습니다. 지금까지 생각하지 못했던 관점을 얻을 수 있습니다.

▬ 구독경제가 뜨고 있습니다. 과거에는 '구독'하면 신문이 가장 먼저 생각났습니다. 하지만 요즘에는 웬만한 생필품은 다 구독할 수가 있습니다. 이 또한 다른 산업에서 새로운 관점을 얻을 수 있는 대표적인 사례 중의 하나입니다. 심지어 꽃도 구독할 수가 있죠.

꾸까kukka.kr라는 스타트업은 꽃을 정기적으로 배달해줍니다. 자신이 원하는 크기의 꽃을 선택하고 요일을 지정하면 매번 새로운 꽃을 받아볼 수 있습니다. 특별한 이벤트가 있을 때만 꽃을 구입해온 사람들에게는 낯설 수 있는 이 서비스는 생각보다 많은 사람들이 자신의 힐링을 위해서 이용합니다.

▼ 꽃 정기구독 서비스 꾸까

▲ 톤28 화장품 정기 구독 서비스 안내

■■■ 화장품도 이런 구독 서비스가 가능합니다. 친환경 화장품회사 톤28^toun28.com은 '28일마다 신선한 맞춤 바를거리 구독 서비스'라는 콘셉트로 개인의 피부 상태에 맞춰 28일마다 화장품을 배송해줍니다. 개인의 피부 상태는 기후에 따라 달라지는데 화장품은 매일 동일한 것을 쓰는 데서 착안한 것입니다.

이런 화장품 구독 서비스는 스타트업뿐만 아니라 대기업도 진행하고 있습니다. 아모레퍼시픽은 마스크팩을 배송해주는 '스테디', 애경산업은 개인 맞춤 화장품을 제안해주는 '플로우' 서비스를 운영하고 있습니다.

이런 아이디어를 제약산업에 적용해보면 어떨까요? 사람들은 나이가 들수록 수많은 영양제를 먹습니다. 하지만 건강 상태는 사람마다 다릅니다. 그런데 매일 똑같은 영양제를 그 사람의 건강 상태와 무관하게 먹습니다. 꾸준하게 먹어야 하는 영양제를 정기적으로 그 사람의 건강 상태를 체크해 배송해주면 어떨까요? 이런 생각을 가지고 찾아봤더니 필리^pilly.kr라는 서비스가 존재했습니다.

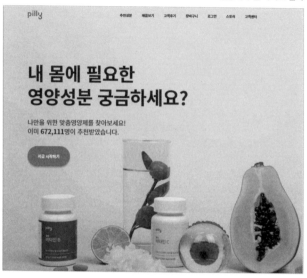

이처럼 우리는 다른 산업에 있는 혁신 기업뿐만 아니라 그 산업에서 진행되고 있는 새로운 서비스들을 보며 관점을 전환해 새로운 아이디어를 얻을 수 있습니다. 크로스오버는 자신의 산업 틀에서만 보던 시야를 넓혀줍니다. 그리고 그 넓어진 시야를 통해 기존에 보지 못했던 아웃사이더의 시각을 발견할 수 있을 것입니다.

관점 전환을 위한 생각 습관

1 다른 산업에 있는 혁신 기업의 성공 요인을 적용해보세요.

2 다른 산업의 혁신 기업이라면 어떻게 했을지 상상해보세요.

3 산업뿐만 아니라 조직 내부에도 크로스오버를 적용해보세요.

26

모델S
미래를
먼저
상상한다

■■■ 비즈니스 세계에서 상상력하면 가장 먼저 떠오르는 사람이 누가 있을까요? 아마도 테슬라^{Teslas}의 CEO 일론 머스크는 꼭 있을 것입니다.

머스크의 상상력은 현재 그가 진행하고 있는 다양한 사업에서도 볼 수 있습니다. 이미 유명한 태양광사업 솔라시티, 전기차 테슬라, 왕복 우주 셔틀 스페이스X뿐만 아니라 LA 초고속 터널을 위한 보링컴퍼니$^{The\ Boring}$

Company, 고속 운송 시스템 하이퍼루프Hyperloop를
위한 버진하이퍼루프원Virgin Hyperloop One, 최근에는
사이버트럭까지 다양한 아이디어를 제시하고 이를
실행하기 위해 준비하고 있습니다.72)

새로운 생각을 하기 위해서는 상상을 해야 합니다.
그냥 과거에는 이랬고 현재는 이러하니 미래에는 이렇게 될
것이라는 생각만으로는 새로운 것을 찾아내기 어렵습니다.
변화를 위한 과거와 현재의 요인들은 미래에 작동하지 않을
수 있기 때문입니다.

과거 삐삐, 시티폰, 피처폰, 스마트폰으로 이어지는
통신기기의 변화를 보면 변화라는 게 어떤 요인들이 점점
발달해서 점진적으로 오지 않는다는 것을 알 수 있습니다.
수많은 변화들이 축적되어 한 순간에 기존의 것들을
바꿔버리기 때문입니다.
2021년 2월, 애플이 2017년 출원한 '제스처 기반의
자율주행차 운전'이란 특허가 등록되었습니다. 이 특허 출원
서류에는 "차량이 움직이는 동안 탑승자가 멀미를 겪지
않고 편안하게 콘텐츠를 볼 수 있게 하려 한다"라고 적혀

있죠. 이미 또 다른 변화의 물결이 다가오고 있는 것일지도 모릅니다. 완전자율주행차가 상용화되었을 때, 지금과는 다른 새로운 자동차 속 모습이 펼쳐질 것이기 때문입니다. 지금은 이런 자동차를 '바퀴 달린 최첨단 컴퓨터'라고 부르지만 그 때는 '바퀴 달린 스마트홈'이라고 할지도 모르죠.

그래서 우리는 끊임없이 상상해야 합니다. 일론 머스크는 창조와 상상에 대해 이렇게 말합니다.

"창조는 아무나 할 수 없다. 하지만 상상은 누구나 가능하다. 그 상상에 가치가 있다면 먼저 불가능과 실패를 생각하지 말고 도전해야 한다. 그러면 인류의 미래는 좀 더 희망적이고 바람직한 방향으로 갈 것이다."[73]

▲ 키트가 드디어 현실로?
(출처: <전격 Z작전> 스틸컷)

누구나 상상할 수 있습니다. 그런데 우리는 그런 상상을 실행이 어렵다는 이유로 스스로 제약합니다. 그렇게 제약을 하다 보면 사실 현재에 머무를 수밖에 없습니다.

■■■ 일론 머스크의 전기차도 초기에는 실행이 어려웠습니다.

전기차를 위한 배터리, 충전소 등 전기차 생태계가 구축되어 있지

않기 때문입니다. 우주선을 재활용한다는 생각은 또 어떤가요?

지금까지 우주선은 한 번 쓰고 버리는 것이었는데 말이죠.

중요한 건 상상을 먼저 해야 상상이 현실이 될 수 있는 방법을

찾을 수 있다는 것입니다. 그런데 상상 없이는 아무것도 이룰

수가 없습니다. 만약 현재에서만 생각한다면 이런 결과가 나오지

않을까요?

"자신의 집에 개인용 컴퓨터를 들여놓기 원하는 사람
은 아무도 없을 것이다."_켄 올슨, 1977

"내 생각에, 전 세계적으로도 대형 컴퓨터시장은 아마
5대면 충분할 것이다."_토머스 왓슨, 1943

그래서 비전을 수립할 때 상상하는 미래를 설정하고 현재

상황에서 어떻게 하면 그 미래를 달성할 수 있는지를 생각해봐야

합니다. 이를 백캐스팅Backcasting이라고 합니다. 우리가 흔히 하는

미래 예측 방법은 포캐스팅Forecasting입니다. 현재 상황을 보고

미래를 예측하는 것이죠.

■■■ 스스로 '~하면 어떨까?'라는 질문을 던져보며 일론 머스크처럼 미래를 상상해야 합니다. 예를 들어, '지상의 도로가 없는 도시는 어떨까?'라고 생각해보는 것이죠. 이런 미래의 도시를 우리가 만들기 위해 현재 상황을 분석하고 단계별로 계획을 세우는 것입니다. 중요한 건 상상하는 미래의 설정, 그리고 질문입니다.

지금의 디지털 네이티브들은 30년 후 어떤 삶을 즐기고 있을까요? 3~4세부터 스마트폰과 패드를 활용해 음악을 듣고 책을 보는 이들의 30년 후 삶은 지금과 분명 달라져 있을 것입니다. 어쩌면 디지털 네이티브들에게 대학은 의미가 없어지고, 자신이 좋아하는 한 가지만 가지고도 평생 먹고살 수 있는 돈을 벌 기회가 생길 수도 있지 않을까요? 또 지금은 다른 국가를 여행한다고 말하지만 그때는 화성으로 여행을 다닌다고 말하지 않을까요? 이뿐일까요? 현재는 모바일이 대세지만 그때는 모바일을 대체할 수 있는 새로운 기기 혹은 사람이 곧 기기가 되는 세상이 되지 않을까요?

1999년도에 출간된 제조업의 미래를 말하는 《2020년 기업의 운명》이란 책에서는 127개의 와일드카드를 제시합니다.[74] 이 와일드카드에는 '먼저 시도하고 뒤에 수정하기', '운전자 없는 자동차의 등장', '음성인식 시스템의 확대' 등이 나옵니다. 물론 현재 상황과 맞지 않는 '3차원 팩스', '월마트의 승리', '텔레비전의 사라짐' 등도 나옵니다. 하지만 20년 후를 예측했던 이 와일드카드는 우리가 새로운 세상을 어떻게 바라봐야 하는지를 알려줍니다.

앞으로 20년 후를 예측한다면 어떤 세상이 그려지나요? 때로는 극단적으로 새로운 미래를 그려보세요. 그러면 분명 새로운 것들이 보일 것입니다. 상상의 극단에서 우리는 예기치 않은 미래를 그릴 수 있을 것입니다.

▬▬ 만약 여러분이 지금보다 더 상상력을 발휘해 생각의 틀을 바꾸고 싶다면 다음 사이트를 보면 좋을 것 같습니다.

1. 킥스타터^{kickstarter}**: 미국의 크라우드펀딩 사이트. 스타트업들의 다양한 아이디어 제품 소개합니다.**

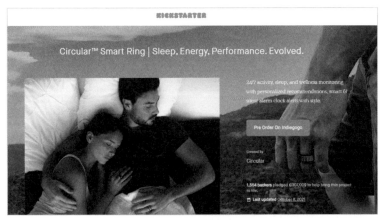

▲ 건강 모니터링 기기 스마트링의 킥스타터 펀딩(예시)

2. 트렌드버드^{trendbird}: 트렌드 리서치 사이트. 제품, 디자인, 기술(특허) 등 다양한 최신 이슈를 제공합니다.

▲ 트렌드버드에서 제공하는 트렌드 리포트(예시)

관점 전환을 위한 생각 습관

1   현재 → 미래가 아닌 미래 → 현재로 생각해보세요.

2   '~하면 어떨까?'라는 질문을 스스로 던져보세요.

3   수시로 미래 트렌드를 분석하며 의미를 도출해보세요.

카우치 포테이토를 위한

새로운 제품과 서비스는?

소파에 앉아 감자칩을 먹으며 TV만 보는 사람 카우치 포테이토Couch Potato라고 합니다. 직장생활을 하면 평일에 누적된 피로로 집에 누워만 있고 싶습니다. 또 하루 종일 보지 못한 TV 드라마나 영화를 보며 피로와 함께 스트레스를 풀기 도 합니다.

디지털 시대지만 여전히 TV는 사람들이 자주 보는 매체입니다. 정보통신정책 연구에 따르면 주요 매체별 평균 사용 시간이 TV가 하루 3시간 2분 정도로, 스 마트폰 등 무선전화(1시간 54분)보다 사용 시간에서 여전히 앞서는 것으로 나 타났습니다.[75)]
만약에 여러분이 제품 및 서비스 개발자라면 이런 카우치 포테이토를 위해 어떤 제품과 서비스를 출시할까요? 카우치 포테이토의 이미지를 상상하며 카우치 포테이토를 둘러싼 다양한 맥락을 통해 그들이 원하는 혹은 불편해하는 사항들을 생각해볼까요?

하나의 관점이 아닌 다양한 관점에서 카우치 포테이토를 생각한다면 좀 더 다양하고 혁신적인 아이디어가 나올 수 있습니다. 예를 들어, 소파에 누워 있으니 소파와 관련된 제품을 생각해볼 수도 있을 것입니다. 혹은 TV가 주요 매체이니 TV와 관련한 사항도 생각해볼 수 있죠.

어떤 측면에서 생각하느냐에 따라 다양한 제품과 서비스를 구상해볼 수 있습니다. 다음 양식에 여러분이 생각하는 제품과 서비스를 하나씩 작성해보기 바랍니다.

구분	제품	서비스
개요		
필요성		

주석

1) [카드뉴스] 비아그라가 원래 그 약이 아니라고요? 부작용 덕분에 대박 난 약 이야기, 조선일보, 2019.3.7

2) 크리스토퍼 차브리스, 대니얼 사이먼스, 김명철 옮김, 보이지 않는 고릴라, 김영사, 2011

3) http://theinvisiblegorilla.com, https://www.youtube.com/user/profsimons

4) 수진 웨인쉔크, 이재명, 이예나 옮김, 모든 기획자와 디자이너가 알아야 할 사람에 대한 100가지 사실, 위키북스, 2012, p.37

5) Gelb, M. J. 2004. How to Think Like Leonardo da Vinci: Seven Steps to Genius Every Day, Bantam Dell, New York

6) 대회 및 사진에 대한 더 자세한 설명은 다음 사이트 참조. https://invisiblephotographer. asia/2018/06/06/awardfinalist-wingkaho, https://www.lensculture.com/2019-visual-storytelling-award-winners

7) '얼죽아' 판매 비중 ↑…지난 5년간 '카페 소비 트렌드' 분석해보니, 동아닷컴, 2020.1.15

8) [과학을 읽다] 폼나는 남자의 셔츠 길이는?, 아시아경제, 2019.07.02, https://view.asiae.co.kr/article/2019070115215398153

9) topclass, [special feature] 모두를 위한 시계 개발한 김형수 이원 타임피스 대표, 2016년 4월호, http://topclass.chosun.com/board/view.asp?catecode=Q&tnu=201604100007

10) 이해인, 작은 위로, 열림원, 2002, pp.58~59

11) Graham Lawton, "The eyes have it," New Scientist, June 10, 2000

12) 에이미 허먼, 문희경 옮김, 우아한 관찰주의자, 청림출판, p.175

13) 박만규, 설득언어, 베가북스, 2019, p.95

14) 박만규, 같은 책 p.75

15) 사진 속 작품에 대한 자세한 내용은 다음 사이트에서 찾아볼 수 있음, Rokas Laurinavičius and Denis Tymulis, "Artist Creates Amazing Portrait By Smashing Glass In Certain Places," borepoanda

16) Asch, S. E. (1955). Opinions and Social Pressure, Scientific American 193 (5), pp.31~35

17) 아빈저연구소, 서상태·김신배·박진숙 옮김, 아웃워드 마인드셋, 트로이목마, 2015, pp. 53~55

18) 피에르쌍소, 김주경 옮김, 느리게 산다는 것의 의미, 현대신서, 2001, p. 201

19) 하인즈케첩 홈페이지, http://www.kraftheinzkorea.co.kr/BrandStory/HeinzKetchup

20) 매일경제, 스테인리스 직수관으로 오염 걱정 '뚝', 2019.05.13

21) 롤프 옌센, 서정환 옮김, 드림 소사이어티, 리드리드, 2000, p. 117

22) 에리히 프롬 저, 최혁순 역, 소유냐 존재냐, 범우사, 1999, p. 113

23) 육아맘 85% "난 나쁜 엄마라고 생각한 적 있다", 헤럴드경제, 2017.3.30

24) 송길영, 상상하지 말라, 북스톤, 2015, pp. 198~199

25) Eric Berridge, Why tech needs the humanities, TED Talk, 2017.12

26) 책은 거들 뿐_서점, '컨셉 문화 공간'으로의 무한변신, 이노션 월드와이드, 2019.2.18 보도자료

27) 이토 고이치로, 전선영 옮김, 데이터 분석의 힘: 그 많은 숫자들은 어떻게 전략이 되는가, 인플루엔셜, 2018, p. 181

28) 책쓰기와 권투·색소폰·수영의 공통점은?, 한겨레, 2020.1.9

29) Watch Red Bull Set Record F1 Pit Stop In Just 1.91 Seconds, motor1.com, 2019.7.16

30) 로켓배송·꼬깔콘 대박의 비밀…'보이지 않는 손'이 움직였다, 중앙일보, 2019.11.21

31) 다니엘 핑크, 김명철 옮김, 새로운 미래가 온다, 한국경제신문, 2014, p. 227 재인용

32) 집안일을 아웃소싱하다, 현대카드·현대캐피탈 뉴스룸, 2019.11.20

33) 집안일을 아웃소싱하다, 현대카드·현대캐피탈 뉴스룸, 2019.11.20

34) 알렉산더 오스터왈더, 예스 피그누어, 그렉 버나다, 앨런 스미스, 조자현 옮김, 밸류 프로포지션 디자인, 생각정리연구소, 2016. p. 12

35) 곽연선, 기업을 젊고 활력 있게 만드는 리버스 멘토링, LG경제연구원, 2019.8.30

36) Marc Bain, Gucci has a "shadow committee" of millennial advisors, QUARTZ, 2017.10.26

37) The company behind the $16,000 AI-powered laundry-folding robot has filed for bankruptcy, THE VERGE, 2019.4.23

38) 10 Most Useless Gadgets of 2017, INTERESTING ENGINEERING, 2017.12.29

39) 윤석철, 경영학의 진리체계, 경문사, 2001, p. 130

40) "비싸도 상관없어"…명품으로 백화점 세일 호실적 이끈 밀레니얼 세대, 한국경제, 2019.7.18

41) 제리 와이즈먼, 정해동 옮김, 파워 프레젠테이션, 한언, 2004, p.55-57

42) 사소 쿠니타케, 김윤희 옮김, 쓸모 있는 생각 설계, 토네이도, 2019, p.130

43) Weick, K. E., Sutcliffe, K. M. Obstfeld, D. 2005. Organizing and the Process of Sensemaking, Organization Science, 16(4), pp.409-421

44) Weick, K. E. 1993. The collapse of sensemaking in organizations: The Mann Gulch disaster, Administrative Science Quarterly, 38(4), pp. 628-652, 김양민, 美 맨 협곡 화재가 비극이 된 원인은…집단적 센스메이킹이 위기를 해결한다, DBR, 2019.10, Issue 1, No.282, pp.42-56

45) 사소 쿠니타케, 김윤희 옮김, 쓸모 있는 생각 설계, 토네이도, 2019, pp.132~133

46) Wansink, B. (2003). Using laddering to understand and leverage a brand's equity, Qualitative Market Research, 6(2), pp.115

47) Argyris, C. 1990. Overcoming Organizational Defenses: Facilitating Organizational Learning, Boston: Allyn and Bacon

48) 로저 마틴, 제니퍼 리엘, 박세연 옮김, 최고의 리더는 반드시 답을 찾는다, 더퀘스트, 2019, p.71

49) 불황의 상징 '1000원숍'…스타벅스보다 잘나가는 다이소, 조선비즈, 2019.9.16

50) 조가원, 조용래, 강희종, 김민재, 2018년 한국기업혁신조사: 제조업 부문, 과학기술정책연구원, 2018, 조가원, 조용래, 강희종, 김민재, 2018년 한국기업혁신조사: 서비스업 부문, 과학기술정책연구원, 2018

51) Chesbrough., H. W. 2006. Open Innovation: The New Imperative for Creating and Profiting from Technology, Harvard Business Review Press(Boston; Massachusetts)

52) 『P&G 175년』 상생에서 혁신을 찾다, 조선비즈, 2013.7.30

53) https://robotstart.info/2016/08/17/review-rox.html

54) 孝?NO!…난 젊고 트렌디한 '오팔세대', 20대 딸도 내 옷 빌려 입을 정도야~, 동아일보, 2020.1.10

55) 조우성, 코로나는 버드와이저에 휘둘리지 않았다, TTIMES, 2016.6.15 http://www.ttimes.co.kr/view.html?no=2016061512427722883

56) 톰 켈리·데이비드 켈리, 박종성 옮김, 유쾌한 크리에이티브, 청림출판, 2014, p.138

57) [브랜드 흥망사] 장난감 천국 '토이저러스' 70년 역사를 마감하다, IT동아, 2018.9.7

58) 장재웅, 정연승, 아마존 플랫폼서 지름길만 찾으려다…토이저러스, 핵심 경쟁력 읽고 몰락, DBR, 2017.12, Issue 2, No.239, pp.96~103

59) Sull, D.N. 1999. Why Good Companies Go Bad, HBR, July-August, p.42

60) 같은 논문, p.45

61) Toys R Us is back. Here's a look inside its first new store, CNBC, 2019.11.27

62) 세스 고딘, 최지아 옮김, 이상한 놈들이 온다, 라이스메이커, 2011, pp.76~77

63) Olson, M. S., Van Bever, D., Verry, S., 2008. When growth stalls, Harvard Business Review, 86(3), pp.50-61

64) Olson, M.S., Van Bever, D., Verry, S., 2008. 같은 논문, p.55

65) 잭디시 세스, 김종식, 전우영 옮김, 배드 해빗, 럭스미디어, 2008, p.159

66) 드루 보이드, 제이컵 골든버그, 이경식 옮김, 틀 안에서 생각하기, 책읽는수요일, 2014, pp.119~122.

67) 래리 다운즈, 폴 누네스, 이경식 옮김, 빅뱅 파괴자들의 혁신 전략, 알에이치코리아, 2014

68) 루크 윌리암스, 김지현 옮김, 디스럽트, 황소자리, 2011

69) 잭디시 세스, 김종식, 전우영 옮김, 배드 해빗, 럭스미디어, 2008, p.111

70) 레이먼 벌링스, 마크 헬리번, 정용숙 옮김, 시장을 뒤흔드는 크로스오버 아이디어, 더난출판, 2016

71) 같은 책, p.91

72) 일론 머스크의 상상은 현실이 될까? 기발한 12가지 아이디어, CIO, 2018.3.27

73) 상상의 혁신가 테슬라 CEO 엘론 머스크 '상상하라, 그리고 실천하라', 매일경제, 2017.7.13

74) 패트리셔 무디, 리처드 모얼리, 이재규 옮김, 2020년 기업의 운명, 사과나무, 2001, pp.62-88. 원서는 1999년에 출간됨

75) "SNS 이용률 첫 감소…오래 보는 매체는 여전히 TV", SBS 뉴스, 2020.1.27